40歳で何者にもなれなかった ぼくらはどう生きるか

——中年以降のキャリア論——

河合薫

ワニブックス
|PLUS|新書

プロローグ

〝まさか〟は必ず起こる

この本は、「サラリーマン無理ゲー社会の生存戦略　40歳版」であり、何者にもなれなかった40代のための〝救済の書〟です。

しかし、しょっぱなからなんですが、キャリア本ではありません。副題は「――中年以降のキャリア論――」ですが、残念ながらキャリア論でもありません。そんなカッコいい（かどうかはわかりませんが）ものではなく、死の入り口らしきところで「人生思い通りにならなかったけど、結構おもしろかった」と思うための本です。

「死の入り口って。そんな年じゃないよ。だいたいタイトルに40歳って書いてあるじゃん。誇大広告かよ」。こう口を尖らせている人もいるかもしれません。

ですが、とかく人生は思い通りになるほど単純でもなく、たいていは「こんなはずじゃなかった」「こんなの聞いてない」と、まさかまさかの連続です。なんら悪さもインチキもしてないのに、自分では防ぎようのない事態に襲われ、「なんで自分だけこんな目に遭わなきゃいけないのか？」と傷つき、悩み、自分を見失いそうになったりもします。

それでもなんとかかんとか、主体的かつ具体的に動き続ければ、つらかった気持ちを覆すような〝まさか〟が必ず起こります。はい、必ずです。運は常にあちら側の都合ですが、チャンスの神様にあるのは前髪だけ。自分が動いてこそ、前髪がはためく瞬間を逃すことなくガッツリ掴めます。

いつ現れるかどうかもわからない〝女神〟を待つには、少々地味かつ地道な忍耐が必要ですが、案外人生は繋がっていて捨てたもんじゃないのです。

どうせ、寝ていても年はとるわけですから、「どうなるか知らんけど」くらいの気持ちで動かなきゃ損！　だいたいチャンスなんてものは、「そっか、あれがチャンスだったのか」と後からわかる代物です。

そして、その先で待ち受けるのが「人生思い通りにならなかったけど、結構おもしろかった」という軽やかな清涼感です。

「何者」の定義

ある日、私のところに編集者から「40歳を過ぎても何者にもなれなかった人たちにキャリア本を書いてほしい」とメールがきました。これは少々奇妙な依頼でした。40代はキャリアの節目の年齢として世界中でキャリア研究が蓄積されています。中年期の危機、ミッドライフクライシス、キャリアの節目、思秋期といった言葉はネット上にもあふれ、ちょっとググれば簡単に見つかるはずです。

一方で、「何者にもなれなかった」という言葉には、興味が湧きました。「40歳を過ぎても」と限定しているのも気になりました。なるほど、これは世間に流布する一般論では語り尽くせない、かなり個人的で切実な悩みなんだなぁと。しかも、聞くところによると、「40~50歳代の大部分の何者にもなれない大多数の勤め人向けのキャリア本がない」と嘆くある男性（@sura_taro）の呟きが話題になっていたとか。

——人生の秋は意外にも長いし、無為にも自棄にもならない穏やかな生き方の導きが必要とされるはずなのですが…キャリア論は若者向けばかりのような
（@sura_taroから一部抜粋）

たしかに「秋」は長いです。「いったいいつまで働かなきゃならないんだ？」というほど長く、それでいて「やばい。もうすぐ60歳⁉　赤いちゃんちゃんこかよ」と焦ったりもします。長いのか短いのかよくわからないけど、やはり長い！　まぁ、要するに人生の秋は、おセンチで、メランコリック。一方で、大胆で、自由で、自分次第でどうにでもなる部分がめちゃくちゃ多い（と50代の私は感じている）。

ですから、編集者さんには、「『サラリーマン無理ゲー社会の生存戦略　40歳版』って感じかしら？　簡単に読めるけど心に染みる本かしらね？」と、イエスともノーともわかりづらいお返事をしました。依頼に対して、「はい書きます！」とも、かといって「いや無理です」とも断言できなかったのです。

なにせ、私がこれまで書いてきたのは、「何者でもなくなってしまったと悩む50代」向けの本です。なのに、今回のターゲットは「何者にもなれなかった」と悩む年下世代ですから、私に彼らの心の拠り所になる本が書けるのか？　大丈夫か？　と案じたのです。

そもそも私と同世代の50代の人たちには、「何者かになったと錯覚したところで、人は終わる」と言い続けてきたものですから、「40歳を過ぎても何者にもなれなかった人たちにキャリア本を！」と頼まれ、「はいはい、合点承知！」とはさすがに言いづらい。これはサラリーマン無理ゲーならぬ、河合無理ゲーかもしれない、とビビりました。

ただ、本音は「書きたい！」。理屈なしに「書きたい！」と勝手に心が動きました。私自身、ずっとずっと、かなりの長い間、「何者にもなれない自分」に悩んでいたので、私の背中を押す己の声が聞こえてきました。私が書くことで、読者が何かひとつでも現状を打破するヒントを見出すことができればそれでいいんじゃないか、と。「アンタも散々悩んできたじゃん。素直に書けばいいんだよ。それで十分じゃん。書きたいことは山ほどあるわけだし」と、もうひとりの私が囁《ささや》くのです。

そこで私は「何者、ね？　何者って何だろう」と考えました。

その答えが「人生思い通りにならなかったけど、結構おもしろかったと思えること」だったので、それを書こうと思った次第です。

肩書き＝何者、の錯覚

世界でもトップクラスの階層主義が強い国と位置付けられている日本のビジネス界では、「肩書き」が絶対的価値を持ちます。

例えば、ビジネスシーンであれば当たり前の風景ですが、プライベートでも、

「○●会社の山田太郎です」

「△▲大学の山田花子です」

「IT関連の会社で、○○を担当してる日本一郎です」

「▲▲会社から昨年独立して、ベンチャーやってる日本梅子です」

といった具合に「肩書き」で自己紹介する人の多さに驚かされます。

とりわけ、誰もが知る大企業や一流と呼ばれる社会的評価の高い企業に勤めている人、

人気のある職種に就いている人ほど、自分が「何者か」を示すために肩書きを伝えたがる。年齢を重ねるとそこに「役職」が加わるようになり、「▲●会社の人事部長」「○△会社の常務」と、「この紋所が目に入らぬか！」ばりに肩書きを振りかざし、太々《ふてぶて》しい態度で自分より〝下〟の人をバカにする残念な人も少なくありません。

再雇用の面接で先方に、「総務部の部長さんということですが、具体的にどういうお仕事をしていたのですか？」と聞かれ「部長です！」と堂々と答えた人や、子会社に転籍になったシニア社員が「顧客に古巣の名刺を配っていた」といったエピソードを聞き、クラクラしたことも度々ありました。

そりゃあ、誰だって若いときから、自分のサラリーでは行けないような場所を接待で利用し、滅多に接することができない大物と会い、30代そこそこで下請け会社の年上の人から「うちの商品よろしくお願いします」などと頭を下げられれば、自分が何者かであるかのような錯覚に陥っていくことはあるでしょう。

普通はある程度年齢を重ね、自分を客観的に見られるようになると、勘違いに気づくわけです。が、会社員というのは他者と競争することで、一つひとつ階段を上る人たちです。階層の上階＝役職に就くと、〝いい匂い好き〟の取り巻きがわんさか近寄ってきます。

するると、我を省みる間もないままに「何者かになった気分」に酔いしれ、人を見下し、嘲り、暴言を吐き、俺サマになる。中には、タクシーの運転手さんやコンビニの店員さんに、「俺サマってわかってるのか！」ばりに理不尽な要求を突きつける輩《やから》もいます。

いわば、「犬の遠吠え」です。動物の専門家に聞いたところ、「あの〝ワォ〜〜ン〟という叫びには四つの意味が秘められている」とか。一つ目が「ストレスの解消」、二つ目が「叫ぶこと自体が楽しいから」、三つ目が「寂しさから」、そして最後が「クセになっているから」。なんとも切ないリアルです。

「肩書き＝何者の錯覚」が厄介なのは、「そうなったら人間終わりだよね」などと他人事のように言っている人でさえ、まんまと罠《わな》にはまること。はい、そうです、罠ですから、自分では気がつかないうちに〝あちら側〟に足を踏み入れ、「終わった人」になってしまうのです。

氷河期世代の絶望

一方、「40歳で何者にもなれなかった」と嘆く40代は、いわゆる「氷河期世代」です。「何者かにさせてくれるはずだった大企業」が続々と新卒採用を控え、運良く大企業の正社員になっても、待てど暮らせど〝下〟が入らず、ずっとずっと下っ端の仕事をやらされてきました。年々増殖した〝言うだけ番長〟のむちゃぶりに、耐えてきた世代でもあります。

「氷河期世代ってさ、すごくできるんだよなぁ」「氷河期世代は苦労してるぶん、すごくしっかりしてるんだよなぁ」という声を私は何度も聞きましたし、年を重ねる度にずうずうしさを増している私なんぞは、蛇は蛇でも一回り下の巳年の〝彼ら〟を、てっきりうっかり年上と勘違いしたこともしばしば。

しかし、「何者かにさせてもらえなかった」と嘆く人に、そんな褒め言葉は慰めにもなりません。同情するなら肩書きくれ！　何者かにさせてくれ！　という咆哮《ほうこう》が聞こえてきます。

「正社員になればきっと未来が開けると思っていた」

「40代になればきっと肩書きがつくと信じていた」

「いつかは報われる。就職が難しいこともあったね、って若い頃を懐かしむ日がきっとくる」


たまたま就職する時期が悪かったというだけで、「つじつまが合わないことだらけで腑《ふ》に落ちないキャリア人生」を余儀なくされた、今を生きる40代のリアルな声です。人生後半戦に突入し、ついにその「きっと」も消えた。いや、正確には「消えたように思える」。いやいやもっと正確には、「期待するのにもう疲れてしまった」のでしょう。「いつかは、きっと」——とても重い言葉です。かすかな光を頼りにふんばっている野望を感じます。なのに、「いつかはきっと」と思えなくなった。しかし、本音はやはり「いつかはきっと」と思いたい。おぼろげでいいから「光はある」と信じたいのです。

だからこそ、死の入り口らしきところで「人生思い通りにならなかったけど、結構おもしろかった」と思えるように生き、「生きてりゃしんどいことはあるよ」と、いいこと悪いこと、楽しいこと悲しいこと、上手くいったこと失敗したこと、ぜ～んぶひっくるめて人生をおもしろがってほしい。

それが私の願いであり、幸せになるために生まれてきた「人」の願いだと思うのです。

自分の心に従う勇気を

ここからはいち健康社会学者としての見解です。

人は幸せになるために生まれてきたし、幸せへの力はすべての人に宿ります。しかし、その力を引き出すには、ありのままの現実を受け入れ、点と点のつじつまを合わせなくてはなりません。その原動力になるのが、自分の頭で考え、具体的に動くこと。

あなたの具体的な動きを支える努力、ガッツ、運、他者、なんでもかまわないので、「私の決断」を信じてください。それは会社や他人の考えに従って生きるのをやめることです。自分の心に従う勇気でもあり、自分に「負けない」ことでもあります。

「負けない事・投げ出さない事・逃げ出さない事・信じ抜く事　駄目になりそうな時

それが一番大事」

これは大事MANブラザーズバンドの大ヒット曲『それが大事』の歌詞の一部です。「負けない」よりもっと大事なのは、とことん負けた経験であり、逃げ出した経験であり、裏切られた経験です。

何者かになったと錯覚した50代のバブル世代が、今では「働かないおじさん」などと辛辣《しんらつ》なレッテル貼りをされ、「捨てられる50代」とまで言われる憂き目に遭っているのはご承知のとおりですが、実はその中にもイキイキとがんばっている人がいました。彼らはみな、「負けた経験」をした人たちでした。

ある人は突然左遷され、ある人は病気を患い、ある人は希望退職を強要され、「この先どうすればいいのか」とまさかの事態に翻弄されながらも、「このままではつまらない人生になってしまう」と自分を信じ、具体的に動きました。自分の属性に安住するのではなく、丸裸の「私」に勝負をかけた。そして、ある日、ある瞬間、見過ごしていた「大切なもの」に気づきます。「あの経験が今につながった」と、人生のつじつま合わせに成功し、いい笑顔を浮かべるのです。

この本はキャリア論でも、キャリア本でも、成功を手に入れるための本でもありませんが、「何者にもなれなかったぼくらは、この先仕事のキャリアをどう考え、どう生きていけばいいのか。救済の書を書いてくれませんか？」と依頼してきた編集者の願いには、応えられる本だと思います。

死の入り口らしきところで「人生思い通りにならなかったけど、結構おもしろかった」という気持ちがどんなものか知りたいという方は、どうかページを開いてみてください。

40歳で何者にもなれなかったぼくらはどう生きるか——中年以降のキャリア論　目次

第2章

第1章　「聞いてないよ！」裏切られてきたぼくたちの叫び

「何者」により日本のつじつまは合わなくなっている

負けた経験が強さを生む

２０２２年12月２日早朝。日本中が歓喜の渦に巻き込まれました。なんと！　あのスペインに、日本が勝った。しかも逆転勝ち！　サッカーワールドカップ、ドイツとの初戦で〝まさか〟の勝利を手にした日本代表が、コスタリカ戦では撃沈。99％の日本人が「次のスペインには勝てるわけない」とあきらめ、「とりあえず見よう！」と早起きした人でさえ前半終了後に「もう少し寝よ！」とソファでイビキをかきはじめたその瞬間、まさかの「ゴ〜〜〜〜ル！」。「マジか⁉」と起き上がった直後に再び、「ゴ〜〜〜〜ル‼」。まさかまさかの展開に、日本中が沸き立ちました。

森保《もりやす》一《はじめ》監督はコスタリカに負け厳しい状況に追い込まれた選手たちに、「過去は変えられないけど、未来を変えることは自分たちの力でできる」と活を入れたそうです。大切なのは「信念」をけっして手放さないこと。点と点をつなぎ「つじつま合わせ」ができれば、目の前の壁は乗り越えられます。負けた経験が負けない強さにつながるのです。

これはスポーツの世界だけの話ではありません。

自分の価値判断を信じ、具体的に行動すれば未来は変わります。負けたとき、うまくいかなかったとき、土砂降りの雨に降られたとき、一歩踏み出す勇気さえあれば失敗はいつだって内面を強く、豊かにします。外野は好き勝手に石を投げるし、社会の評価は一夜にして変わる。何者かを決めるのは、世間でも地位でも肩書きでもない。「あなた」自身です。

他者と比べるのは人間の性

とはいえ、言うは易《やす》く行うは難《かた》し。なんとかして他人から評価されたい、認められたいと願うのが人間です。他者と協働《きょうどう》することで生き残ってきた人間は、他者のまなざしから逃れるのは極めて難しい。自分より上手くやっている人に嫉妬したり、悲観したりする一方で、他者から羨望《せんぼう》のまなざしで見られたり、賞賛されたり、一瞬でもスポットライトを浴びると「何者かになった気分」になり、勘違いが始まります。

とりわけ、会社という階層組織では、常に他者との競争を強いられ、競争に勝つことは「権力」を手に入れることなので、勘違いが起こりやすい。

「自分は勝っている、自分には能力がある、自分はこいつらとは違う」と上に行けば行くほど〝オレ様度〟が上がり、社内だけでなく社外でも「自分より上なのか？　下なのか？」で人を判断し、自分が知っていることが「すべて」と信じ込むようになります。

どこの馬の骨（オレ様にとって）かわからない人をバカにし、時間と成長が止まった〝あちら〟の世界の人になっていくのです。

〝ジジイ〟の壁

〝ジジイ〟の壁。そうです。あちら側に足を踏み入れた途端、こちらのことなど目に入らない「ジジイの壁」に巣くう輩になってしまうのです。

ジジイの壁という言葉は、拙著『他人をバカにしたがる男たち』（日本経済新聞出版社）で使った私の造語です。

「ジジイとか言うな！」「ジジイは差別用語だろ！」と鼻息を荒くする人たちもいますが、

「ジジイの壁」は「おじさんの壁」と言い換えられるほどやわじゃありません。ベルリンの壁より厚く、チョモランマよりも高い。そもそも、ここでいう〝ジジイ〟とは、年齢的なものを指しているわけでも、男性のことを批判しているわけでもありません。組織内で権力をもち、その権力を組織のためではなく「自分のため」に使う人たちが、「自分の保身のため」に築き上げた壁を意味しています。

むろん彼ら（彼女らの場合も）だって最初から〝ジジイ〟だったわけではありません。仕事に一所懸命で、部下思いで、今だったらコンプライアンスに引っかかりかねないけど思わず笑ってしまうような、武勇伝を持つ頼もしい人たちでした。

ところが、「権力は人を堕落させる」と昔から言われる通り、うっかりと、うかつにも権力がもたらす絶対感に酔いしれました。「何者かになった」錯覚により、ジジイの壁に巣くう輩に成り下がってしまったのです。

「スーパー昭和おじさん」

タテ社会の日本組織は、権力の独占が起こりやすい組織構造です。彼らは「既得権益」

という4文字が大好物。〝コンサルタント料〟という体のいい言葉で私腹を肥やしたり、笑いを取るためにセクハラもどきの発言をしたりと、やりたい放題です。

世間では会社からお荷物扱いされている「昭和おじさん」ばかりに注目が集まりがちですが、遥かに問題なのは、社内競争に勝ち続け、大企業の部長や役員、役員待遇の椅子をゲットした「スーパー昭和おじさん」です。

彼らは自分の生き方や考え方に絶対的な自信があり、自分たちが築いた牙城《がじょう》を守るために、異物＝女性や若者を排除し、同じ釜の飯を食った同期でさえ「だって課長止まりでしょ。後進に譲らないとね」と用無し扱いします。

「ジジイの壁」に巣くうスーパー昭和おじさんは、会社の肩書きで高級なクラブに行ったり、政府やら大学やら海外企業やらのけっこうメジャーな組織に食い込んでいるので、〝何者感〟に満ちあふれているのです。

『鎌倉殿の13人』で描かれたもの

そういえば、NHK大河ドラマ『鎌倉殿の13人』の最終回でも、「ジジイの壁」が描かれていましたね。

【シーン1　NHK大河ドラマ『鎌倉殿の13人』（2022年）最終回より】

北条泰時（坂口健太郎）率いる大軍勢が京へと迫るも、朝廷軍の最後の抵抗に遭い宇治川で苦戦。これに北条義時（小栗旬）の親友でありながら、隙あらば権力の座を奪おうとする三浦義村＝平六（山本耕史）が軍議に乗り込んできて、「このようなところで足止めを食らっていたら、えらいことになるぞ！」と叱責し、「戦の経験のないのはこれだから困る」と吐き捨てました。

するとどこからともなくヤジの声。「ジジイ、うるせえんだよ！」とどこからともなくヤジの声。さらに義村が戦術を説くと、「わけわかんねえんだよ！　ジジイ！」と再び毒づいたヤジが飛び、義村が「誰が言ったああああああ！」と、わなわなと怒りを爆発させます。これに視聴者は大爆笑。〝#平六〟はトレンド入りし、「ジジイ」をディスった次郎（西本たける）に「ナイス！」「平六をジジイ呼ばわりする次郎最高」「しかも2回もｗ」「次郎ナイス！」との賞賛コメントが相次ぎました。

三谷幸喜さん、ジジイの壁に迫るとは、さすがです！　ドラマでは義時の死でジジイの壁は崩壊しますが、リアル世界ではひとりが欠けても、そこに「待ってました！」と次のジジイが参入するのでなかなか崩壊しません。

むろん、誰もが何者かになりたいし、何者かに興味なかった人でさえ、何者かになりたくなるのは人間の摂理です。

しかし、何者かになったと錯覚したら終わりです。外的な力である地位や立場に浮かれ権力を偏重するあまり、「信念」を忘れるのです。ってことは？　そうです。「何者にもなれなかった」という嘆きは実に正しい。それでいいのです！

〝ジジイ〟の根っこは昭和のまま

今の日本のカタチ、職場の文化は〝ジジイ〟によってつくられてきました。

成長と時間が止まった世界で生きている人たちは、どんなに世界や時代が変わろうとも変わりません。「アメリカでは～」「グローバルでは～」「世界では～」とそのときの気分で表向きはあれこれ方針を変えますが、本音は変わりたくない。時代は変わり、世界は変わったのに、日本は変わらなかった。

おかげで日本社会はどんどんとつじつまが合わなくなり、その末路が、世界における日本のポジションです。

・役員・管理職に占める女性比率がビリ
・英語力ビリ
・高度人材を誘致・維持する魅力度ランキングビリ
・日本企業の従業員エンゲージメントビリ
・人材投資の国際比較（ＧＤＰ＝国内総生産比）でビリ
・「現在の勤務先で働き続けたい」と考える人ビリ
・社外学習・自己啓発を行っている人の数ビリ
・「転職や起業」の意向を持つ人の数ビリ
・海外に留学する人の数ビリ

何者かになったと錯覚した〝ジジイ〟たちのおかげで、このざまです。成長と時間が止まった「ジジイの壁」の末路が、「ほんとに先進国なのか？」と、まったくつじつまが合わない今の日本社会です。

そして、忘れてはならないのは、氷河期世代を作ったのも「ジジイの壁」であり、「聞いてないよ！」という裏切りも「ジジイの壁」が深く関係しているということ。

これから綴ることは、気休め程度にしかならないものかもしれません。しかし、あなたがあなたの「信念」を手放さないで生きていくためには、あなたのこれまでの「聞いてないよ！」の全容を知ることが肝心です。

この章を読み終えたあとにはきっと、何者にもなっていない「私」を誇らしく思うことでしょう。

大学は出たけれど……結局、日本は100年前と同じだった

小津映画にみる100年前のサラリーマン

【シーン2　映画『大学は出たけれど』（1929年公開）より】

大学を卒業した徹夫は推薦書片手に就職活動をはじめた。ところがどこもかしこも門前払い。食い下がる徹夫に中間管理職らしきおじさん社員ふたりが、「受付ならあいてるよ」と冷ややかに言い放つ。「俺は大学出だ。バカにするな！」と出ていく徹夫。家に帰ると田舎の母と許嫁《いいなずけ》が待っていた。「就職おめでとう」と喜ぶふたりに、徹夫は本当のことが言えない。なんとかかんとか理由をつけて追い返そうとするが、「私たちは勝手に東京見物するから、あなたは会社に行きなさい」と言われてしまう。しかたなく徹夫は「会社に行く」と嘘をつき、公園で時間を潰す日々を過ごすのだった。

小津安二郎監督の『大学は出たけれど』は、今から100年近く前の1929年（昭

和4年）に大ヒットした映画です。

当時、ニューヨークのウォール街で起きた株式暴落が引き金になり、世界的な経済大恐慌が起こりました。日本は1920年（大正9年）の戦後恐慌、22年（大正11年）の銀行恐慌、23年の関東大震災、さらには27年（昭和2年）の金融恐慌など、相次ぐ経済危機に見舞われていたのでかなり深刻な状況に追い込まれます。

街には失業者があふれ、世間から超エリートと持て囃《はや》された「大学出」さえ、会社に雇ってもらえませんでした。当時、働く人のわずか6・9％しかいない超エリート集団であるサラリーマンへの道を約束された「大学出」が（竹内洋著『学歴貴族の栄光と挫折』講談社学術文庫より）、偉い人たちに〝もの〟扱いされる理不尽、それでも、「大学出」のプライドを捨てられないエリート意識のバカバカしさを、小津は実にコミカルかつシニカルに描きました。

その3年後の32年（昭和7年）、小津は『生れてはみたけれど』を公開。こちらは肩書きに振り回されるサラリーマンの悲哀を、ユーモラスにスクリーンに映し出した作品です。

【シーン3　映画『生れてはみたけれど』（1932年公開）より】

重役の近くに引っ越し、出世のチャンスをうかがう父親は家では厳格そのもので、息子たちが憧れる強い、カッコいい存在である。ところが子どもたちは、父が重役の前でお世辞を言い、動物のマネでご機嫌伺いをしているのを知り、衝撃を受ける。「お父ちゃんはちっとも偉くないじゃん！」と激怒する息子たち。父親は「岩崎さんは重役でお金持ちで、お父さんに月給をくれるんだ。その月給がなければ、学校にも行けないし、ご飯も食べられないんだぞ」と諭す一方で、子どもを絶望させたと後悔する。

どちらも100年近く前の〝活弁〟が活躍したサイレント映画であり、第二次世界大戦勃発前の日本の世相を表した映画です。その時代にも「氷河期世代」がいたし、「会社に行くふり」をして公園で時間を潰す会社員がいた。「肩書き」が絶対的価値を持ち、何者かになる＝出世には「ヨイショ、ゴマスリの必殺技」が必要だった。

時代は昭和から平成へ、そして令和へと変わったのに、「サラリーマン」という存在の本質は変わっていません。

エリートの卵であれ、エリート集団に属す鶏であれ、「自己評価と他者評価のギャップ」への苦悩は尽きず、景気の影響をもろに受けるのがサラリーマン＝会社員です。

他方で、会社という組織はサラリーマンに安定した金銭などの経済的報酬に加え、昇進や新しい仕事にチャレンジする機会、社会的地位などを与えます。それらの有形・無形の報酬は、「自分の価値への指標」であり、人間の欲望を掘り起こす道具でもあります。

「もっともっと上に行きたい、人の上に立ってみたい」という欲望を満たすためなら「なんでもやる！」という愚かさを人間は持ち合わせている。年下上司の足を引っぱる「若者潰し」、あいつだけには越されたくないという気持ちからの「同期落とし」、できる女性をターゲットにする「女性潰し」、虫が好かぬ人の足を引っ張る「悪評流し」、他人の成功を邪魔する「出る杭叩き」などなど、足の引っぱり合いは日本の伝統芸の域に達しています。

人間の欲望を掻き立て、満たし、永遠に走らせる最適なシステムが、会社という組織なのです。

バブル崩壊の予兆はあった

「歴史は繰り返す」とよく言われますが、歴史は勝手に繰り返されているわけではありません。いつの時代も世の中の動きは〝壁〟の向こうの人の手中にあり、〝壁〟の向こうの人は常に自分の優位さを守るために物事を進めます。

改めて言うまでもなく、就職氷河期という現象を生んだのはバブル崩壊ですが、バブル崩壊はある日突然起きたわけではありません。

日本経済の没落の前触れは意外にも早く、高度成長期の真っ只中に起きていました。なのに、壁の向こうの人たちは浮かれまくっていました。上に危機感が皆無なのですから、下が持てるわけがない。ごく一部の「冷静なまなざし」を持つ人をのぞく、99・9%の日本人は、現実に向き合おうとしませんでした。

当時の日本は敗戦国でありながら、欧米以外の国で唯一工業化を達成し、経済力で欧米諸国と肩を並べるまでに成功したので、多くの日本人も、日本という国自体も「何者」かになったと錯覚したのです。

経済成長率の推移

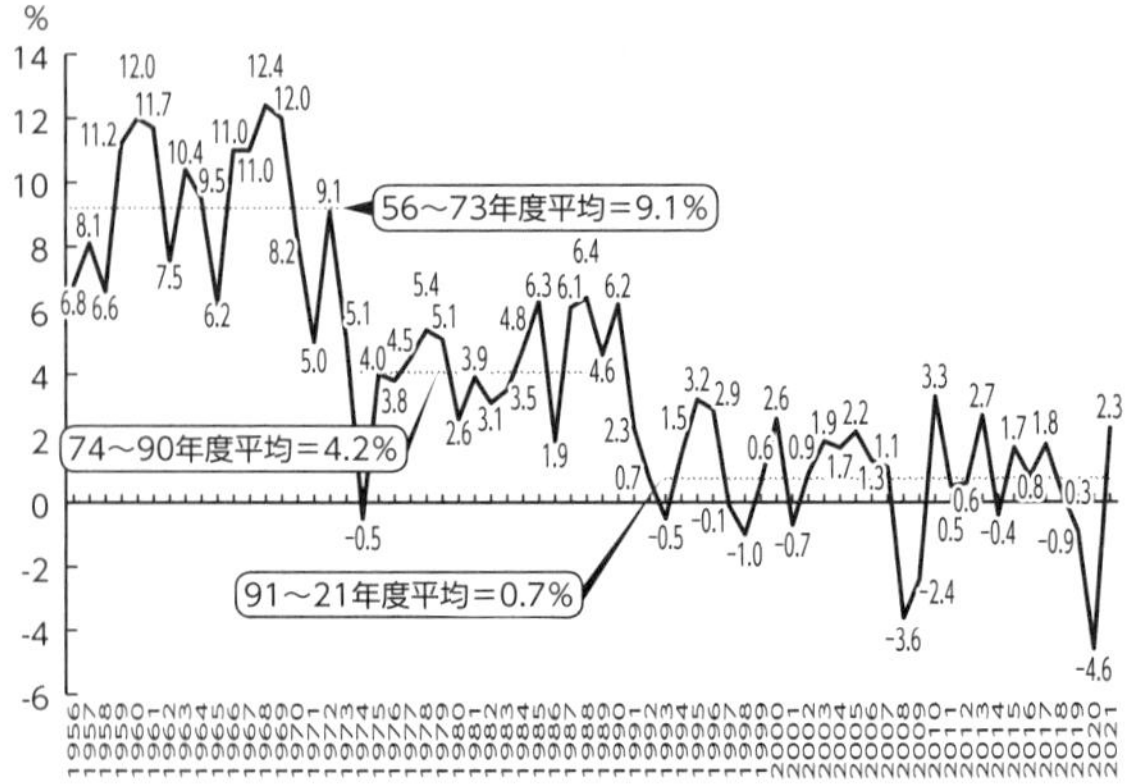

参照：内閣府SNAサイト「2022年7～9月期　第1次速報値」（2022年11月15日公表）

上の図は日本経済の推移（前年度比のGDP伸び率）を示すものですが、日本の高度成長期は1955年～73年までの19年間です。ホンダがアメリカでシェアを爆発的に伸ばしたのが65年、セイコーがスイスの時計メーカーを席巻したのは67年、60年代の日本経済は「あがれ、あがれ、どこまでも舞いあがれ～～!!」と上昇気流に乗っていました。私は75年から4年間、アメリカのアラバマ州のハンツビルという田舎町で過ごしましたが、通りすがりの人が日本人である私に気づくと、「HONDA！」とニコニコ言うのです。HONDAはアメリカという壮大な国のすみずみまで知られる、正真正銘の有名企業でした。

しかし、図のグラフをみればわかる通り74年を境に、勢いが減速しています。

この変化の兆しを、いち早く伝えたのが日経新聞です。74年（昭和49年）8月27日、「四―六月期は〝ゼロ成長〟――二期連続の落ち込み」という大見出しが、朝刊の一面トップを飾りました。

ところが壁の向こうの人たちは完全にスルー。「ゼロ成長」という文字も、「落ち込み」という文字も届きませんでした。この時代こそが「ジジイの壁」が張り巡らされていった時代なのです。

政治と既得権益

高度経済成長期真っ只中の1972年（昭和47年）、第3次佐藤改造内閣で通商産業大臣であった田中角栄は「日本列島改造論」を発表し、72年に第1次田中内閣組閣後、経済社会基本計画に盛り込み実行に移しました。

日本列島改造論は、「高速道路とかドンドンつくって、新幹線もバンバン走らせて、地方の田舎を元気にしようぜ！　そしたら、地方の過疎化と東京の過密化と、公害の問題とか一気に解決できちゃうっしょ！」というかなり大胆な改造計画です。改造というか……破壊に近いです。

「道路は文化、文化は道路だ」が口癖だった角栄は、地元の新潟まで道路をつくり、「東京・目白の田中角栄邸から新潟の生家まで3回曲がったら着く説」が出るほど、日本列島に破壊的なブルドーザーを走らせました。

この新手で荒手な計画を受け、民間企業を中心に土地投機が爆増。73年の1年間でおよそ四国一島分に匹敵する面積を法人等が取得します。

「土地買えや！　もうかるぞ！」と大枚を注ぎ込む土地転がしと、「うちに工事させてくださいよ」と政治家に〝まんじゅう〟を差し出す企業が雨後の筍《たけのこ》のように、日本中に現れました。まさにイケイケです。

日本の未来を予言したエコノミスト

政治家と「既得権益」が結びついたこの頃、海の向こうでは原油価格の高騰によって世界経済は大混乱。「第1次石油ショック」は日本経済を直撃し、1974年（昭和49年）から75年（昭和50年）にかけて大不況が到来します。

日経新聞の件《くだん》の記事は、そのときの日本の変化を報じたものであり、日本経済没落の最初の兆候をはっきりと示す、注目すべきニュースでした。実際、経済学者たちは危機感を募らせ、政府にも社会にも、「このままだと大変なことになるぞ！」と警告しました。戦後の日本を代表する経済学者で大蔵官僚だった下村治さんもそのひとりです。

下村さんは池田勇人元首相の参謀として、所得倍増計画と高度成長の政策的基礎のプランナーとして辣腕を振るった人物です。その下村さんが自らの主張を180度転換し、「成長の基盤はもはやなくなった」と、将来のゼロ成長を訴えたのです。

それまで「まだまだいける、日本はもっともっと豊かになる！」と政治の中枢で、高度成長期を牽引《けんいん》した下村さんが、正反対のことを言い出したことに多くの人たちが反発。イケイケドンドンだった人たちは下村バッシングを繰り広げ、〝美酒〟に酔い続けました。

しかも、運よく日本はオイル・ショックを克服し、再び成長路線に乗ってしまったので、逆風はいっそう強まります。「ほら見たことか！　日本はまだまだ成長できる！

豊かになる！」と政治家や経済界の人たちは、下村さんをさらに批判しました。

が、下村さんは間違ってなかった。下村さんは日本が浮かれまくっていたバブル期の87年には、米国消費者の「稼ぐ前に金を借りて消費する」体質を批判し、「マネーゲームに惑わされず、堅実な生活設計を立てること。あまり欲の皮を張りすぎると悪徳業者にだまされるのがオチである」と警告します（下村治著『日本は悪くない　悪いのはアメリカだ』文春文庫より）。

下村さんの予測どおり、リーマンショックが起きた。経済は人間の心の問題であり、恐慌は自然災害とは別物であるという「国内経済の基本」を大切にした下村さんだったからこそ、没落の予兆とその背景にある複雑に絡みあった要因分析をし、未来を予言したのに。その予言はまったく生かされず「失われた30年」が始まってしまったのです。

ツケを払うのは組織の下層

もし、あのとき政治家や企業の社長が謙虚に耳を傾けていたなら、失われた30年は数年で終わり、氷河期も回避できたかもしれなかった。

1997年、山一證券は帳簿に載らない債務「簿外債務」が拡大し、資金繰りが行き詰まるとの判断から自主廃業を決定。

山一證券最後の社長となった野沢正平氏は、「これだけは言いたいのは、私ら（経営陣）が悪いんであって、社員は悪くありませんから。どうか社員のみなさんに応援をしてやってください。お願いします。私らが悪いんです」と涙で訴えました。

野沢氏の誠実さにはある意味頭が下がりますが、いつだって階層上階のエリートたちの愚行のツケを払わされるのは、階層組織の下層の人たちです。

「心は習慣で動かされる」とは文化心理学のブルーナー博士の言葉ですが、何者かになったと錯覚した〝戦後エリート〟と、そのジュニア世代である〝スーパー昭和おじさん〟は見たいものしか見ず、やるべきことをやらず、自分たちを守ることしかやらなかった。当時の経済大国ニッポンの驕《おご》りが、日本の未来を閉ざした。残念というか、悔しいというか、過去のこととはいえ、腹立たしいかぎりです。

おかげで、「大学を出たけれど」就職も決まらず、何ひとつ悪いことをしていないのに、無間《むけん》地獄から抜け出せないのが今を生きる40代です。

いまだに昭和のモデルケースで社会が動いている

1990年代を境に「雇用のカタチ」「家族のカタチ」「人口構成のカタチ」のすべてが変わりました。しかしながら、いまだに〝昭和のカタチ〟のまま社会は動いている。非正規雇用は4割になり、単身世帯やシングルマザーは急増し、人口構成はカクテルグラス型になったのに、日本社会は高度成長期の「長期雇用の正社員」「夫婦と子どもふたりの4人家族」「ピラミッド型の人口構成」といった、昔のモデルをベースに動き続けています。

戦後エリートの「経済大国ニッポンの驕り」と「危機感のなさ」を引き継いでしまった〝スーパー昭和おじさん〟には、残念ながら時代の変化をみるまなざしが著しく欠けているのです。彼らはさまざまなひずみから血が噴き出そうとも、「その傷がなぜ、できたか?」を考えません。「なんか血がでてるね?」「だったら絆創膏でも貼っとくか?」と、小手先の〝絆創膏対策〟しかしない、いや、できない人たちです。時代の変化だけでなく、長期的にものごとを考える力も悲しいほど欠けているのです。

挙げ句、傷口はますます広がり、化膿し、新たな傷を生みました。その顛末《てんまつ》がワーキングプアであり、シングルマザー・ファザーであり、さまよい続ける氷河期世代であり、高齢者の孤独死です。ちなみに、金融資産1億円以上の「富裕層」「超富裕層」の世帯数は、アベノミクスが始まった2013年以降、一貫して増加を続けています。
仏コンサルティング会社キャップジェミニが22年6月14日に発行した「THE WORLD WEALTH REPORT 2022」によれば、日本の富裕層人口はアメリカに次いで世界2位です。

「学歴」がなくなるって言ってなかった？

「学歴主義は終わる」の嘘

【証言1　大手薬品関連会社勤務のホシヤマさん（仮名）42歳】

「納得いかないのは『君たちが社会に出るときは、学歴が関係ない社会になる。誰にでもチャンスがある時代が来る』って、学生時代に言われ続けたことです。

私は運よく今の会社に入社できました。正社員です。同級生の中には私より優秀なのに内定が出なくて、ものすごく苦労してる人もいたので本当にラッキーでした。だから、余計に『学歴が関係ない社会になったのかも』と思えたんですよね。社内でも頑張れば認めてもらえるって思えたし、下が入ってこない状況もそんなに気にならなかった。腐らずに自分が頑張ればいいんだって。自分次第なんだから、と信じていました。

ところが、5つも下の後輩に追い越されてしまった。課長職です。うちの会社はもともとK大が強いんですけど、彼もK大です。K大以上じゃないと上にいけない、という現実を突きつけられショックでした。学歴社会は終わってなかった。私の出身大学の経営幹部はいません。

もう『夢』を追うには遅い年齢なのに、仕事のキャリアパスが見えないためか、『人生これでよかったのか』と後悔することが増えてしまいました」

就職氷河期という厳しい時代の中でも、ホシヤマさんのように希望する企業に正社員として採用された人たちはいました。氷河期＝希望した会社に入れない、氷河期＝非正規雇用という等式が一般化されがちですが、就職はいわば結婚のようなもの。希望する会社と学生の相性が運よく合えば、勢いで結婚できてしまうのです。

一方で、就職が厳しい状況だっただけに、「今、我慢すれば、今乗り越えれば、いいことはある。だって時代は確実に変わっているのだから」と彼らを勇気づける言葉もあちこちで散見されました。それは苦しんでいる若者へのエールであり、絶望しないでほしいという年長者の思いやりであり、日本も今を乗り越えれば再び復活できる！　という、バブルといういい時代を生きた人生の先輩たちの根拠なき楽観でもありました。

『就職ジャーナル』の大見出し

その一つがキャリア系企業に携わる人たちが連発した、「学歴主義は終わる」という、光を抱かせるフレーズです。

「就職協定でブレイク！　『就職自由化』時代がやって来た！」

これは１９９７年11月、就活を控える学生たちの愛読雑誌だった『就職ジャーナル』

の表紙に書かれた大きな見出しです。53年から40年以上続いた就職協定をやめる！と日経連が大英断を下した事を受けてつけられました。

68年6月に創刊した『就職ジャーナル』は、大学生向け月刊就職情報誌として人気を博した雑誌です。版元のリクルート社は、80年2月には女性のための転職情報誌『とらばーゆ』を創刊するなど、時代の機微を的確に捉え、読者に役立つ情報を発信し続けました。いわば、就活生の指南書であり、役立つガイダンスだったのです（学生の就職活動・企業の採用活動はＷｅｂを通じたコミュニケーションが一般的になり、２０

０９年2月28日発売号をもって休刊に)。
その『就職ジャーナル』が、大見出しを打った！　そうです。97年は、就職活動の歴史的転換期となる……はずでした。

学歴主義の芽生え

『就職ジャーナル』の大見出しがいかにすごいニュースだったかを実感するには、ちょっとばかり歴史を遡る必要があります。また、１００年前？　いやいやもっと前です。明治時代。１４０年以上前のお話です。実は「学歴主義」はかなりのお年寄り。明治時代に生まれたのです。

明治維新によってつくられた明治政府は近代国家を目指し、フランスの学制にならって近代的学校教育制度を取り入れました。そのトップバッターが、明治10年にできた東京大学です(開成学校と医学校の合併で成立)。その後は、現在東京大学、京都大学、名古屋大学、東北大学、北海道大学、大阪大学、九州大学となっている計7大学の旧帝国大学を頂点とするヒエラルキー型の複線的な学校制度がつくられました。

ここで誕生したのが「学歴主義」。「大学を出たか？　どこの大学を出たか？」でその人の評価や社会的地位が決まる、学歴を過度に重視する考え方です。

学歴主義自体はヨーロッパ産ですが、欧州の学歴主義は官庁でのみ採用されていたのに対し、日本では官庁から企業へ波及しました。名だたる企業が高学歴の者に非常に高い賃金を支払うようになり、学歴主義が社会に根付いていったのです。

1953年に就職協定が成立

当時は、大学を出たらサラリーマンの地位が約束されていましたから、次第に「新卒一括採用」を取り入れる企業が増加します。新卒一括採用を最初にはじめたのは、三菱（当時の日本郵船）で、1895年（明治28年）頃だったとされています。第一次世界大戦時の大正バブルと呼ばれた好景気のときには、新卒一括採用は当たり前になった。だからこその『大学は出たけれど』だったわけです。

この頃は、卒業が確定した時点で採用試験を行うとの申し合わせも行われていました。しかし、「優秀な学生を確保したい」という企業の抜けがけが相次ぎ、三菱の提案で申し合わせは正式に破棄。その結果、ますます企業は早くから優秀な学生に手をつけるようになり、学業がおろそかにされるようになってしまいました。シューカツとまったく同じ構造です。

そこで乗り出したのが文科省です。

１９５２年に「学生の学業に悪影響を及ぼしているし、就職機会も平等じゃない！」として、大学や日経連、労働省を巻き込み、翌年に「就職協定」という、今なお裏で続くルールが確立されたのです。

ルールを守らぬ「青田買い」

しかし、どんなルールができようとも、「優秀な学生」をゲットしたい企業の思惑がなくなるわけではありません。企業はルールの抜け穴探しに躍起になり、あの手この手で「優秀な人材確保」に乗り出します。

「そうだ！　求人を行う大学を決めて、そこの学生だけエントリーを受け付ければいいんじゃね？」と、指定校制度をスタート。名だたる大企業が堂々と学歴主義を打ち出しました。

さすがにこれには反発が相次ぎ、指定校制度は廃止に。すると今度は「だったら、先輩が優秀な後輩を見つけて、ツバつければいいんじゃね？」と、リクルーターと呼ばれるOB、OGを経由した特定大学出身者の採用をはじめます。いわゆる「青田買い」です。

当然、青田買いは秘密裏に行われていましたから、青田買いの対象にならない学生たちはルール通りに動きます。10月1日の解禁日に早朝から「目指す企業」に長蛇の列をつくる光景は、毎年ニュースで取り上げられ、秋の風物詩となりました。

その様子は異様で、海外メディアも注目。通年採用が当たり前の欧米にとって、一括採用自体不思議なのです。

就職協定が廃止されるも……

この脈々と受け継がれる学歴差別を真正面から描いたのが、1983年にTBS系で放送されたドラマ『ふぞろいの林檎たち』です。

ドラマは、「ちょっとだけランクの低い大学生」が就職も恋愛もうまくいかず、自分の大学を名乗ることもできず、居場所を失っていく……というストーリー。学歴主義が生んだ劣等感に多くの人たちが共感し、10年以上続く大人気シリーズになりました。その最終シリーズがスタートした97年4月に、「やっと、本当にやっと学歴主義が終わるんだね！」と社会を喜ばす大英断を日経連が下したのです。

日経連の根本二郎会長（当時）は、53年から40年以上続いた就職協定の廃止を宣言。同時に、企業には「いつ、どのような形で採用活動・選考活動を行うか」の情報の公開を求め、「正式な内定日は卒業・修了学年の10月1日以降とする」と明記した、「採用選考に関する企業の倫理憲章」を制定しました。

これが大きな転機となるはずだった英断であり、「就職協定でブレイク！『就職自由化』時代がやって来た！」と、『就職ジャーナル』の表紙に大々的な見出しがついた理由です。

当時、『就職ジャーナル』の編集長だった豊田義博《とよだよしひろ》氏は、このときの気持ちを次のように綴っています。

「『君たちは、これまでの先輩たちと違って、情報が開かれた公平・公正な環境で就職活動ができるのだ。この素晴らしい変化を活かして納得の行く就職活動をしてほしい』そんな思いを胸に、私も編集部員も少し興奮しながら本を作っていた」（『就活エリートの迷走』ちくま新書より）

豊田氏は、大手企業や人気の企業の多くがリクルーターを使って、東大、一橋、早慶などの学生にアプローチしていたこと、会社訪問解禁日に会社に行っても採用されるチャンスはほぼなかったこと、就職協定という規制を守る学生＝正直者が馬鹿を見る状況がずっと続いていたことなどの〝裏側のリアル〟を著書で暴露しています。

その上で、根本会長の大英断により、就職活動は透明化し、「5年後、10年後には、これまでの歪みや不公平さは、消滅していくにちがいない」と確信したそうです。

が、その確信は見事に裏切られました。「学歴社会はなくなる！」と豪語した人たちの予測は、まったく当たりませんでした。

〝学歴フィルター〟という差別

やっかいなのは就活に関する問題が露呈する度に、就職のルールが次々と改定され、再三見直されたことが、よけいに学歴主義を見えにくくしてしまった点です。

さらに、就職活動は年々画一化され、就活のデジタル化が進み、企業は欲しい大学の学生をフィルタリングできるようになりました。いわゆる〝学歴フィルター〟です。

フィルタリングするのは「人」ではなく、「コンピューター」ですから、差別するほうにも、されるほうにも生々しさがありません。完全にブラックボックス化しているので、企業は「知らぬ存ぜぬ」で簡単に否定できるし、学生も学歴で差別されている気がするけど、「差別された自分の学歴」を受け入れたくない気持ちもあるので、「これって学歴フィルターじゃね？」と釈然としない気持ちをSNSで呟く程度です。

差別はする側の問題なのに、なぜ俎上《そじょう》に載せるのはいつも「差別された側」なのか。

理不尽としかいいようがありません。

しかも最近多用される「有能人材」という言葉も根っこは学歴主義と同じなのに、言葉が変わるだけで感じ方も変わるのは実に不思議です。刺身好きに「死んだ魚好き?」と聞いても、誰も「好き」とは言わないと同じ理屈なのでしょう。

出身階級による学歴格差

学歴主義を肯定する人たちは、「優秀である可能性が高い者を見極める指標に学歴がもっとも合理的」「学歴は高校時代に努力した証」と豪語しますが、「自分の能力や努力」と信じている力は、「あなた」自身ではなく、「出身家庭」によるところが大きい。なのに、多くの人たちがあたかも自分の手柄のように言い募ります。

『新・日本の階級社会』(講談社現代新書)の著者である社会学者・橋本健二の分析によれば、新中間階級出身者たちは当たり前のように大学に進学し、当たり前のように新中間階級になることができた。「しかし、それは恵まれた家庭環境の下に育ったからであって、とくに彼らがもともと能力的に優れていたからではない」と指摘しています。

同様の傾向は海外でも認められています。

ハーバード大学のマイケル・サンデル教授の分析では、ハーバードやスタンフォードの学生の3分の2は、所得規模で上位5分の1に当たる家庭の出身者だったそうです。「個人の能力」と誰もが信じて疑わないスポーツの世界でも、大学にスカウトされて優先的に入学したスポーツ選手のうち、家庭の所得規模が下位4分の1に属する学生はたったの5％。悲しく残念なリアルですが、親ガチャは確実に存在するのです。

就活が招くゆがみ

日経連の根本会長の英断により学歴主義は完全にブラックボックス化し、大人たちが採用活動に手間をかければかけるほど、就活はとんちんかんな方向に進んでしまいました。「適性検査」でフィルタリングを拡大させ、ついにはウェブテストの「替え玉受検」で逮捕者まで出し、依頼した学生も書類送検される事態にまで発展したのですからわけがわかりません。

おまけに学歴神話を信じているくせに、博士号を持つ学生を企業は嫌います。「高学歴プア」というまったくつじつまの合わない博士を量産し、挙げ句、日本は低学歴国に成り下がりました。修士課程などから博士課程へ進学する学生の割合は、198

1年の18・7％から2019年には9・2％へ5割も減少。主要各国で博士号取得者が増加傾向にあるのに、日本だけは減少傾向が続いています。

人口100万人あたりで見ると、日本は2016年度で118人と、中国の39人に次いで少なく、もっとも多いのは英国の360人、次いでドイツ356人、いずれも日本の倍以上です。

Googleの採用基準

Googleでは採用をするときの情報は、三つだけでいいといわれています。「今、何をしているか」「過去に何をやったことがあるか」「将来どうしたいか」という三つの情報だけで、適正な人材が採用できる、と。

Googleは「様々な能力・体験や価値観を持つ人で組織を豊かにすること」を大切にする会社です。イノベーションのためにはダイバーシティが不可欠という、「会社の信念」を貫くにはどこの大学を出たとか関係ないのです。

2013年に公開された映画『The Internship』（日本では未公開）には、Googleの信念が、おもしろおかしく描かれていました。

スマートフォンの普及のあおりを受けて会社が倒産し、失業したおじさんふたりが米グーグルの正社員を目指してインターンに応募するという物語です。

高学歴でもなく、セールス経験しかないふたりは、件の三つの質問にもチンプンカンプンの答えをします。面接官たちは呆れ顔。不合格決定！　が下されそうな瞬間、面接官のひとりが「うちの会社ってダイバーシティだよね？」と言い出し、「だったら、このオジサンたちこそ必要なのでは」とインターン採用が決定します。大どんでん返しです。

その後のドタバタ劇は動画配信で見ていただくとして、人を採用することは「一緒に働く仲間」の選別であり、会社の信念なくして「我が社に必要な人材」などわかるわけがありません。

つまるところ、140年以上も続く日本企業の学歴主義は、採用する側の怠慢であり、〝ジジイの壁〟の向こうの人たちの存在を「決して脅かさない」使い勝手のよさそうな人材を見分けるために維持されている。権力で生じる絶対感は、「情報を処理する能力を著しく短絡的にする」という困った思考メカニズムを強めるため、壁の向こうの人は「個人」に関する情報を「学歴」という属性で紐づけたステレオタイプでしか処理できません。――というわけで、日本の学歴社会の消滅にはあと100年くらいかかるかもしれません。

ただし、50代後半になると逆に、学歴にこだわる人、ひけらかす人は嫌われます。はい、確実に嫌われます。歴然たる事実があります。

「なに、あんた東大？　そりゃすごいわな。知らんけど」と、いった具合に。

まぁ、気休めにもならないとは思いますが、今は気になる「学歴」という2文字も、10年もすれば、あなたの人生から確実に消滅します。過去の学歴にこだわる暇があったら、この先何をやりたいか？　そのためには今何をすればいいのか？　を妄想してください。今の世の中、学歴でメシは食えないのですから。

「契約社員」でカッコよく1億円稼げるんじゃなかったの⁉

非正社員に夢があった時代

「働くことは、生きることです」
「生きていく技術とスキルさえあれば、自分の生きたいように生きていける」

２００７年に放送され大人気を博したドラマ『ハケンの品格』で、主人公の大前春子はこう名言、いや明言しました。

春子は、スペイン語、ロシア語を話し、看護師、助産師、気象予報士、大型自動車、小型船舶操縦士、危険物取扱者、理容師の資格を持ち、さらには剣道４段、ジグソーパズル検定1級、囲碁棋士アマチュア7段などなど多種多様なスキルを武器に、自由な働き方を実現した〝スーパーハケン〟です。

当初、人材派遣会社「ハケンライフ」の特Aランクの春子の時給は３０００円超とされていましたが、『ハケンの品格2020』で春子が、ドルかユーロで2000万以上もの貯蓄を持っている可能性が浮上。当時のレートで換算すると、ドルの場合は約21億5千万円、ユーロだと約24億2000万円！　おい！　ハケンはただの趣味か⁉　と突っ込みたくなるほどの大金を保有していました。

ひょっとして春子は、政府が推奨する投資を先取りしていたのでしょうか。

ん？　ということは、政府は口で言うほど、企業の賃金アップを期待してないってこと？　あるいは、契約社員など非正規雇用者と正社員との賃金格差を容認してるってこと？　はたまた、春子を見たお偉いさんたちが、「投資だよ、投資！　春子みたいに、非正規でも投資のスキルを高めれば富裕層も夢じゃないって、みんなに教えてやろうぜ！」とドラマに触発された？

いずれにせよ、今では低賃金労働者に位置付けられる契約社員ですが、90年代には多くの人たちが「資格とスキルさえあれば1億円プレーヤーも夢じゃない！」と会社に縛られないで自由に働ける契約社員に〝夢〟をみました。

かくいう私もそのひとりでした。私は契約社員ではなく、「右手ポンポン（＝身につけた力)」で食っているただのフリーランスですが、1億円プレイヤーを夢みました。

1億円プレイヤーを夢みて

個人的な話になりますが、私は1992年（平成4年）に4年間勤めたANAを辞め、その後、第一回の気象予報士試験に合格し、予報士第一号になりました。

合格発表の会場にはメディアが殺到し、あれよあれよと私はその日の夜に、「ニューステーション」（テレビ朝日系列）に出演することになり、それがきっかけでメディアの世界に入りました。

その後、当時勤めていた気象会社をやめフリーになり、「これで1億円プレイヤーになれる！　なってみせる！」と意気込み、妄信したのです。

何を、どうやって、1億稼ぐか？　なんてイメージもなければ、計画もない。ただただ、成功者のメタファーだった「1億円プレイヤー」を夢みて、みんながそう思ってるから自分も、「もっともっと上にいける」「もっともっと稼げる」と浮かれました。

「1億円プレイヤー」は、契約社員、フリーランス、青年実業家、ヤンエグ（ヤング・

エグゼクティブ）など、「サラリーマン」じゃない働き方を選んだ人たちが目指すゴールでした。

正社員に憧れる子どもたち

しかし、「1億円プレイヤー」になるというその期待は木端微塵に砕け散り、今は跡形もありません。リーマンショック以降、さまざまな仕事の単価が暴落し、ウェブメディア、インターネット販売、eコマースなど、テクノロジーの発展により、「人」のコストは徹底的に下がりました。

契約社員の特権だった「自由」は「不安」に変わり、「正社員」を夢みる時代が到来。2021年には「大人になったらなりたい職業ランキング」で「会社員」が1位になるなど、「正社員＝会社員熱」は高まるばかりです。

子どもたちは、一流企業の正社員になるために「いい大学」を目指して勉強し、常に競争を強いられています。成績で優劣をつけない教育を推奨しているのに、常に「誰か」と競争させられているあべこべ社会です。

競争社会の末路が格差社会の固定であり、カネを稼ぐ能力の違いだけで、人間の価値まで選別する卑しい社会です。なんとも下品な社会に日本は成り下がってしまったのです。

秋葉原通り魔事件

２００８年、当時25歳で派遣社員だった男が、秋葉原の交差点にトラックで突っ込み５人をはね、持っていたダガーナイフで無差別に歩行者を切りつけた「秋葉原通り魔事件」が起こりました。

この事件は白昼の繁華街で起きたことから、誰もが「自分がそこに居合わせた可能性」に震え、日本中が恐怖に包まれました。と同時に、ＳＮＳでの書き込みや思考に、一定の「共感」を示す人たちがいました。

「誰でもいいから殺したかった」という自己中心的な犯行動機で他人の命を奪うなど、絶対に許すことはできません。

しかしながら、世間やマスコミの関心は男の「派遣社員」という身分に集まり、負け組、社会的孤立、学歴、容姿への自己評価にスポットを当て、男の「誰かに認められたい」という欲望が満たされずに犯行に至ったのではないか、という議論を展開。リーマンショックで派遣切りが社会問題化していたことも重なり、「氷河期世代のテロ」とも言われました。

「氷河期世代」と「テロ」をくっつけ、許せない事件と結びつけるセンスの悪さには呆れます。ただその一方で、『ハケンの品格』をぶっさげ、企業の渡り鳥になっていた人たちは、

「資格があれば食いっぱぐれないって言ってなかった⁉」

「契約から正社員になっても賃金上がらない！　なんで⁉」

「今さら、投資って⁉　40代からやっても元金が増える見込みはほぼないじゃん！」

という文句のひとつやふたつ、いやいや、5つや6つくらいは言いたくなって当然でしょう。

だいたい、単なる雇用形態の違いを「身分格差」に歪曲させたのは、経済界最強の〝ジジイ〟の壁に巣くうトップ・オブ・ザ・正社員のエリートたちです。

「新時代の『日本的経営』」の3分類

	長期蓄積能力活用型グループ	高度専門能力活用型グループ	雇用柔軟型グループ
雇用形態	期間の定めのない雇用契約	有期雇用契約	有期雇用契約
対象	管理職・総合職・技能部門の基幹職	専門部門（企画、営業、研究開発など）	一般職 技能部門 販売部門
賃金	月給制か年俸制 職能給 昇給制度	年俸制 業績給 昇給なし	時間給制 職務給 昇給なし
賞与	定率+業績スライド	成果配分	定率
退職金年金	ポイント制	なし	なし
昇進昇格	役職昇進 職能資格昇進	業績評価	上位職務への転換
福祉施策	生涯総合施策	生活援護施策	生活援護施策

参照：日経連（現・経団連）「新時代の『日本的経営』」（1995年）

はい、そうです。ここでも「ジジイの壁」が深く、深く、地底の奥底まで強い影響を及ぼしていたのです。

「新時代の『日本的経営』」の3分類

今の「雇用のカタチ」は、日経連（現・経団連）が1995年に打ち出した「新時代の『日本的経営』」の分類に沿って変わって、いえ、都合よく変えられてきました。

「日本的経営の基本理念である『人間中心（尊重）の経営』『長期的視野に立った経営』は普遍的性格を持つものであり、今後ともその深化を図りつつ堅持していく必要がある」

こう始まる日経連の報告書には「人間尊重」「長期視点」という言葉が繰り返され、「減点主義ではなく、敗者復活が可能なチャレンジ型、加点型の人事制度」「管理職・専門職の処遇基準の明確化」「評価者訓練の徹底化」など、従業員の能力が最大限に発揮できる方針を明確に打ち出していました。それは「雇用主としての義務を決して放棄してはならない」というメッセージです。

ところがです。絶対感に酔いしれた無責任なエリートたちが、「従業員の能力を最大限発揮」することより、「牙城を守る」ことを優先したのです。

雇用義務を放棄できる政策

2001年に小泉政権が誕生して以来、非正規社員の規制は大幅に緩和され、大企業は正社員の採用を抑え、非正規雇用を増やす雇用構造の転換を進めました。「雇用柔軟グループの誕生」です。

06年の第一次安倍政権では、年収など一定の条件を満たすホワイトカラーから労働時間規制の適用を免除する「ホワイトカラー・エグゼンプション」導入を打ち出します。

「そんなことしたら長時間労働が増えるだけだ！　過労死させるのか！」という世間の批判に対し、時の総理は「残業代が出ないのだから従業員は帰宅する時間が早くなり、家族団らんが増え、少子化問題も解決する」と呑気にほざき、時の厚生労働大臣は「家庭団らん法」と呼び変えるように指示。

「だいたい経営者は、過労死するまで働けなんて言いませんよ！　これは自己管理です！　ボクシングの選手と一緒です。つらいなら、休みたいと主張すればいい」とのたまう女性起業家もいました。

これらのノー天気発言が火に油を注ぐ事態になり、「家族団らん法」の成立は頓挫します。しかし、諦めきれない政府は、その後も呼び名を変え、条件を変え、裁量労働制だの、高度プロフェッショナル制度だのと、「高度専門能力活用型グループ」適応に躍起になりました。

さらに政府は、フリーランスだの業務委託だのと企業が「雇用義務」を放棄できる制度を拡大。「働き方改革」という名の経団連の要求を政府が汲み取った「働かせ方改革」が進められたのです。

正社員のコストも削減

２０１９年の師走、経団連の中西宏明会長（当時）は定例の記者会見で、「日本型の雇用システムは転換期を迎えている」として、新卒一括採用、終身雇用、年功序列型賃金が特徴の日本型雇用の見直しを求めました。

終身雇用をめぐっては、中西会長以外にもトヨタ自動車の豊田章男社長（当時）、経済同友会の櫻田謙悟代表幹事など経済界の重鎮たちから「制度疲労」「企業へのインセンティブがない」と、一方的に従業員との心理的契約を否定する意見が相次いでいましたが、年功賃金にまで言及したのは中西さんが初めて。メディアは「遂に日本型雇用崩壊だ！」と騒ぎたてましたが、私は経済界の重鎮たちの発言は奇妙としか思えませんでした。

だって、とっくに日本型雇用は崩壊していたのです。08年の年末の「年越し派遣村」こそが、経営の三種の神器として日本企業を支えてきた「終身雇用、年功制、社内組合」の崩壊の象徴であり、全労働者の４割を占めるまでに非正規雇用を拡大させた経済界が、そのことに気が付かないわけがありません。

つまり、経団連は「日本型雇用システムの転換期」というもっともらしい言葉に乗じて、非正規にしたくてもできない正社員のコスト削減を訴えたわけです。と同時にそれは40代〜50代の正社員に、「年功賃金は終わり！　もう、給料上がらないよ！　終身雇用も終わりだから、できるだけ早くお引き取りくださいね」と警告したのです。

実際、19年から「儲かっているうちに切っちゃえ！」とばかりに、50代をターゲットにした「希望退職」という名の黒字リストラは拡大しました。コロナ禍で注目を集めた「ジョブ型」は、年功賃金を終わらせ、コスト削減につながる都合のいいシステムでした。

ならば「新卒一括採用も終わらせてよ！」と思うのですが、「はい、やめます！」という声はどこからも聞こえてきません。通年採用よりコストを抑えられ、他社より先に優秀な人材を確保できるメリットは、何が何でも手放したくないのです。

「筋道」より「保身」

映画『男はつらいよ 寅次郎サラダ記念日』で、甥っ子の満男に「おじさん、大学に行くのはなんのため？」と聞かれた寅さんは、「長い間生きてりゃあ、いろんなことぶつかるだろ。そんなとき、勉強したやつは自分の頭できちーんと筋道をたてて、どうしたらいいか考えることできる」と答えました。

しかし、〝ジジイの壁〟の向こうには、「筋道」という言葉は存在しません。筋道より「保身」、きちーんとより「その場しのぎ」。どうしたらいいかを考える習慣がないのです。

とはいえ、どんなに狡猾《こうかつ》な手段で雇用義務を放棄できる制度が広がろうとも、「働くことは生きること」であり、私たちは幸せになるために働いています。「生きていく技術さえあれば、自分の生きたいように生きていける」のは、どんな理不尽な環境であってもゆるぎない事実です。

明治時代の処世術を引き継いだ「スーパー昭和おじさん」たち

明治時代のサラリーマン像

「今」私たちが生きているのは、つじつまが合わない社会です。

時代は変わったのに日本社会の本質は１００年前、いやいや１５０年前と変わっていません。

明治初期にサラリーマン（給料取り・職員と呼ばれていた）は誕生し、明治30年代頃には、年功賃金や新卒一括採用の萌芽も出現しました。彼らはみな高等教育を受けた「頭のいい人」たちでした。大正時代になると「サラリーマン」という言葉は一般化し、休日には家族サービスする様子が当時人気だった『時事漫画』に描かれています。

しかし、当時のサラリーマンの月給は決して高いものではなく、いい洋服を買うために月賦で買ったり（今でいうローン）、質を利用したりと、外見ほど裕福ではありませんでした。不景気になると賃金を減らされたり、失業することもありました。

『時事漫画』には「会社は儲かって、資本家は潤ってる！　悪いのは資本家だ！」という批判も多く描かれていたそうです（鹿島あゆこ「『時事漫画』にみる「サラリーマン」の誕生」『フォーラム現代社会学』第17号〔2018〕より）。

興味深いのはこの頃から「処世術」というタイトルで、上司の顔色をうかがい、上司の前で一所懸命働くふりをし、ゴマスリ、ヨイショ、ドッコイショするサラリーマンが描かれていることです。

社会的にはエリートでも、会社の中では「ただの給料取り」。そんな不安定な身分を守るには、上司に気に入られるのがベスト。家族を路頭に迷わさないために上司の理不尽に耐え、切られないためには階層上階を目指す。会社で出世することこそが、最良の「処世術」でした。子どもの前では厳格な父親も、出世のためなら動物のモノマネをしていたのですから、切ないやら悲しいやら。

まさに「タテ社会の人間関係」こそが、サラリーマンが生き延びる鍵を握っていたのです。

学歴主義に風穴があいた戦後

そんなサラリーマンの生き方、働き方が変わる大きな節目となったのが終戦でした。終戦直後の日本にスポットを当て、日本人が困難から立ち上がる姿を描いてピュリツァー賞を受賞した米国の歴史学者ジョン・ダワーの著書『敗北を抱きしめて――第二次大戦後の日本人』には、戦後の日本人たちのイキイキとした生きる力を存分に感じ取ることができる様子が描かれています。

虚脱と絶望とに襲われながらも、嘆き続けることをやめ、明確な目標に向かって顔を上げ、一人ひとりが一歩を踏み出していました。

「1945年10月には、日本式の真鍮製のキセルが早くも闇市で売られた。このキセルこそ、戦後日本が産んだ最初の商品だったといわれることもあるが、これは機関銃の薬《やっ》莢《きょう》と高射砲の砲弾から作ったものであった。人々はそれをなんと呼んだだろうか。もちろん、『敗戦キセル』であった。こうした皮肉は、敗北の痛みと屈辱を軽減するのに役立った。そして敗戦をあざ笑うことは、（略）日常的な作業となり、あらゆるものが材料につかわれた。（略）この種のジョーク、語呂合わせ、（略）こうしたものによって、苦しい時代を明るく感じた人は多かった」（ジョン・ダワー著、三浦陽一・高杉忠明訳『敗北を抱きしめて――第二次大戦後の日本人』岩波書店より）

このように厳しい状況を笑い飛ばしたり、お酒を飲んだり、愚痴を言ったりして、つじつまを合わせていました。

日本株式会社も「このままで終わってなるものか！」「豊かになってやる！」「過去は変えられなくても未来は変えられる！」と一致団結して前に踏み出していました。「豊かになる」という共通の夢を実現するために、会社は働く人を大切にし、経営者は「一緒にがんばろう！　あなたも、あなたの家族も絶対に路頭に迷わせない。絶対に！」と、「長期雇用」という哲学を徹底したのです。

長期雇用＝終身雇用は何かにつけ、日本の悪しき制度のように叩かれますが、長期雇用は制度ではありません。「働く人を大切にしたい。絶対に家族を路頭に迷わせない」

という経営者の経営哲学であり、信念であり、覚悟です。

「あなたは大切な人」というメッセージを戦後の経営者が送り続けたからこそ、会社のためにがんばる「会社人間」が生まれ、日本株式会社は夢をつかむことができた。欧米以外の国として唯一、工業化を達成し、1968年には国民総生産（GNP）で米国に次ぐ世界第2位の経済大国にのし上がりました。

実は終戦から1970年代頃までの間は、昭和初期まで社会に深く浸透していた学歴主義にも変化がありました。「何がなんでも全員野球」が戦後の日本には必要だったので、学歴主義などと悠長なことを言っている暇がなくなり、学歴信仰に風穴があいたのです。

例えば、この頃の男性のライフコースは、「大学を出て大企業に就職し定年まで勤め上げる」タイプと「高校を卒業し中小企業に就職する」タイプに大きく分かれていたのですが、中小企業から大企業への転職は比較的容易に行われ、中小企業にとどまるブルーカラーのうち、約半分がホワイトカラーに移行していました。

80年代から再び格差が

この〝いい流れ〟が淀み、一億総中流社会が綻《ほころ》びを見せたのが1980年代です。

それまで縮小傾向にあったホワイトカラーとブルーカラーの所得格差は拡大に転じ、派遣や嘱託の非正規が増え、社会進出した女性たちの多くは安い賃金のパートで雇われ、学歴格差、男女格差、身分格差という格差社会が到来します。

少々雑かつ下品な表現になりますが、貧乏人になった日本人がカネを手に入れたことで、カネカネカネカネの卑しい時代が始まってしまったのです。

世間では「一億総中流時代＝格差のない社会」と思われていますが、実際にはバブルに浮かれ、青年実業家と呼ばれる人たちが不動産業などで大枚を稼ぎ、カネを使いたくて仕方のない人があふれる片隅で、開かれていた門は閉ざされ、決して交わることのないレールができあがっていました。

90年代以降の拝金主義

やがてバブルが崩壊し、企業は「無駄をなくせ！」を合い言葉に、リストラと成果主義でコストを徹底的に削減。共通の夢で繋がっていた日本株式会社は崩壊します。「人」を「カネ」としか見ず、金の亡者となった経営者たちは、文化も習慣も企業の成り立ちも違うアメリカ型経営を中途半端に輸入しました。

この１９９０年代以降の日本企業のトップこそが、スーパー昭和おじさんです。〝エリート中のエリート〟。戦後エリートのジュニア世代です。

健康ドリンク片手に24時間働き、北は北海道から南は沖縄まで「行け！」と命じられればふたつ返事で単身赴任し、上司のパワハラを「愛だ！」とポジティブに受け止め、休日はゴルフ外交、麻雀外交に付き合い、動物さんのマネして（したかも）、会社組織の最上階の希少な椅子にたどりついた人たちです。

絶好調のときほど、足元をしっかり見つめ、愚直さを貫く必要がありました。なのに「何者かになった」と錯覚したエリートは、苦しい時代を明るく生きた先人たちの思いを踏み躙《にじ》りました。

どんな国を目指しているのか？　どんな国になりたいのか？　という「日本の未来」への信念が欠けた心は、筋道を立てて考えることなどできません。「変わらなきゃ」「世界で勝たなきゃ」と焦るたびに、古きもの＝悪、新しきもの＝善という短絡的思考のもと、それまでの日本を支えてきた「大切なもの＝人」を次々と捨て去った。自分たちの立場を守るためだけに、です。

変わり損ねた日本

私はこれまで「今の日本のカタチは高度成長期のまま」と言い続けてきました。が、その萌芽は明治時代にあり、大正、昭和初期に受け継がれました。

世界では企業の在り方も、「人」に対する考え方も大きく変化したのに、「何者」かになったと浮かれた日本は、「ありのまま」を見つめることをしなかった。高度成長期に突入する前にあった「変わる勇気」を、誠実さを、愚直さを、忘れたのです。

グローバル社会だから「英語が必須」とか本気で言ってる!?

「グローバル人材になれ」という無理難題

「スーパー昭和おじさん」たちの勘違いぶりは、グローバル化が進行してから滑稽なほど加速します。

「会社が求めてるのはグローバル人材だ！」と豪語し、

・英語が話せなきゃ仕事にならない！
・ライバルは国内だけでなく、中国、韓国など世界中にいると思え！
・日本でしか通用しないような人は、もういらない！

と、社員切り捨て社会に突入しました。

・英語だけ話せりゃ、仕事ができるってわけじゃない！
・アジア各国の賃金レベルで働くことも覚悟しろってことか!?
・「日本でしか通用しない人」と思われている人は、実際のところ、日本でも通用して

いないんじゃないの⁉

とツッコミどころ満載なのに、自らの経営を省みることなしに、ただただ「君たちが使えないのが悪い。もっとグローバルで戦える人材になれ！」と社員の尻を叩き、責任を転嫁したのです。

日本の高校生の読解力が低下

「使える英語を！」を合言葉に、学校の英語教育も次々と見直されました。英語力を高めるには母語である日本語の語彙を増やす教育が必要なのに、「英語英語英語」教育に、いまだに明け暮れています。

その末路が、日本の子どもたちの読解力の欠如です。

２０１８年に経済協力開発機構（ＯＥＣＤ）が実施した学習到達度調査（ＰＩＳＡ）で、日本の高校生の読解力低下が浮き彫りになりました。

日本の高校生の「読解力」の世界順位は、12年調査で4位、15年調査で8位に順位を下げ、18年調査では15位まで落ちてしまったのです。

読解力とは、「自らの目標を達成し、自らの知識と可能性を発達させ、社会に参加するために、テキストを理解し、利用し、評価し、熟考し、これに取り組むこと」と定義されている。一言でいえば、「自分の頭で考える力」です。

グローバル人材に欠かせない「自分で考える力」「自分の考えを伝える力」が低下し続けているとは皮肉としか言いようがありません。

学校の成績は国語力が9割といわれるほど、理解力も思考力も創造力もすべて母語＝日本語の運用能力に支えられています。先述したように、英語によるコミュニケーション能力を高めるには、その基礎となる国語を適切に理解し表現することが必要不可欠です。

母語である日本語で思考できないことを、英語で話すのは無理。だいたい世界でいえば、相手の母語が英語でない場合のほうが圧倒的に多いのです。相手もこちらもプア・イングリッシュですから、伝えたい気持ちさえあればコミュニケーションは成立します。

それにどんなに流暢な英語が話せたところで、相手にとっては所詮「日本人」です。ネイティブスピーカーのように話せてもジャパニーズです。高学歴の外国人であればあるほど、日本文化とは何か？　日本人とは何か？　天皇制とはどういうものか？　明治維新とはなんだったのか？　を知りたがります。日本人なら知ってて当たり前の知識もないのに、英語ばかり勉強しても意味がないのです。

母語は文化であり、母語の語彙が豊富であればあるほど知識は広がるのです。

いったい日本はどこに向かっているのか？　まったく腑に落ちません。

〝上〟にグローバル人材を育てる力がない

スイスのビジネススクールＩＭＤが発表した「World Talent Ranking 2022（世界人材調査）」で、日本は「投資と育成」は前年の36位よりひとつ下がって37位、「魅力」は前年の15位から27位に下がり、「英語力」は前年と同じ62位でした。

ここまでの順位はある程度想定内といえます。問題は「英語英語英語、グローバルグローバルグローバル」と吠え続けている〝上〟の評価です。なんと「有能な上級管理職」は前年の58位からさらに順位を下げ61位、「上級管理職の国際経験」は前年のビリ64位を脱出して見事ブービー、63位です！

この結果をどう解釈するかは、是非とも〝上〟の人たちに考えていただきたいところですが、シンプルかつストレートに解釈すれば、「グローバル人材を育てる力が、〝上〟にない……絶望的なほどに」ということでしょう。

40代こそスキルと勇気を身につけよう

何者かになったと錯覚した〝ジジイ〟たちのおかげで、彼らが信じ込んでいる「何者」と、現実の「何者」はまったくつじつまが合わなくなっています。

「何者にもなれなかった」というみなさんの嘆きは、〝あちら側〟に行かなくて済んだということでもあります。

40代の今こそ「組織人」に見切りをつけ、「仕事人」として生きるためのスキルを身につけてください。サラリーマン＝雇われ人に染まらないで生きるには、どうしたらいいのか？　を必死に考えてください。

そのためには、まずは目の前の仕事に完全燃焼すること、半径3メートルの人間関係を大切にすること。立派な大人として、周りに敬意を払い、自分を律しながら生きる成熟を学ぶこと。その上で、与えられた仕事の中で「自分らしさ」をどう出せるか？　を考え、自分のやりたいことを「やりたい！」と声に出して欲しいです。

この先に待ち受けるセカンドキャリアのステップになるようなスキルを、会社という組織を利用してどんどん身につけてください。

それは明治時代のサラリーマンから受け継がれる「処世術」を捨て、「上司に嫌われる勇気」を持つことです。

第2章 「体育会系最後の世代」の絶望

「何者」のつじつまはもっと合わなくなっている

「何者か」になるより大切なこと

2012年8月に公開された映画『桐島、部活やめるってよ』で描かれた高校生たちの心模様は、高校卒業から20年以上経ったバリバリの昭和おばさんの私にも刺さるほど、描写が秀逸でした。

原作は朝井リョウさん。09年にこの小説ですばる新人賞を受賞した若き奇才です。映画には原作ほど、青春時代の甘酸っぱさはありません。むしろ「大人世界」への批判と、バカバカしさを嘲笑っているようでした。

監督の吉田大八《だいはち》さんは私と同世代の昭和おじさんです。思うに、思秋期の「河合＝吉田」の生きづらさと、繊細でときに残酷な思春期をシンクロさせたのでしょう。

【シーン4　映画『桐島、部活やめるってよ』（2012年公開）より】

桐島はバレーボール部のキャプテンです（桐島本人はほぼ登場せず、本当に部活をやめるのか、なぜやめるかも不明）。勉強ができ、顔もよく、スタイルも性格もよし。二物どころか、三物も四物も天に与えられた、誰もが憧れるスーパースターです。桐島とつるむのが、野球部の幽霊部員でモテ男の宏樹といいとこのボンっぽい竜汰と友弘。4人は学校を牛耳る「四天王」といったところでしょうか。

宏樹らは放課後になると、バスケットをしながら桐島を待ちます。このあたりは「仲間至上主義の現代の若者」ならではのシチュエーションです。

桐島の彼女は学校一の美少女・梨紗で、その親友の沙奈は宏樹の彼女。バドミントン部のかすみと亜矢も含めた4人グループという設定ですが、「ホントにこの子たち仲良いの？」という微妙な空気感とグループ内の序列は、大人になってからの「ママ友グループ」に通じる構図です。

彼ら彼女らの日常は「桐島」という絶対的存在を軸に回っていたので、桐島が突然、部活をやめるという噂が流れると、動揺し、さざなみが広がります。「桐島」が消えれば四天王も、梨紗も「何者」でもなくなります。「桐島がいないと、自分の存在価値が消滅してしまう！」という不安を消すために（おそらく本人に自覚はない）、ひたすら「桐島」を探し、連絡を待ち続けます。

一方、「桐島」とはまったく別世界で生きている映画部の前田は、いわゆる文化系の生徒です。

前田は映画オタクで、ルックスもイマイチで運動も苦手。つるむのはオタ友の武文です。オタ臭をぷんぷん漂わせるふたりは、自分たちをせせら笑う声が聞こえても気づかないふりをし、群衆の中で息を潜めます。四天王が大手《おおで》を振って歩くのとは対照的。前田は「何者」でもないことを自認しているので、「自分の立ち位置」を再確認するようなことは決してしません。

同じ高校の同級生なのにまったく交わらない、「体育会系の最上位グループ」と「オタ系文化部の最下位グループ」ですが、ひとつだけ共通点があります。どちらも「自分」がない。他者の顔色をうかがい、関係性が壊れるのを恐れ、他者と対立する「自分」を決して主張しません。〝なにか〟に怯えて生きている「自分」に薄々気づきながらも、それを封じこめるように心を空っぽにし、自分の頭で考えることを放棄した学園生活を送っていました。

その殻を破ろう！　と、自分の心に従う決断をしたのが、映画オタクの前田です。

前田は映画部の顧問の言いなりになるのをやめ、ありのままの自分と向き合い、自分で考え、自分がやりたい、ゾンビ映画を撮り始めます。「桐島」が消え最上階グループのメンバーの関係性に歪《ひず》みと綻びが生じ始める中、映画部は前田を中心に一致団結してゾンビ映画制作に熱くなっていきます。

「戦おう！　ここが俺たちの世界だ。俺たちはこの世界で生きていかねばならないのだから！」

これはクライマックスで出てくる、ゾンビ映画のセリフです。……恥ずかしながら、私、泣きそうになりました。吉田監督はこの一言を大人たちに伝えたくて、カメラを回し続けたように思えてなりません。

ネタバレになるのでこれ以上は書きませんが、いつだって子ども社会は大人社会の縮図です。どんな理不尽な世界だろうと、どんなに弱っちい自分だろうと、「俺たちはこの世界で生きていかねばならない」のです。自分が心から大切だと思うこと、心から好きだと思うこと、それを絶対に手放しちゃいけないのです。
世間に認められる・うらやましがられる＝「何者」かになることより、もっと大切なことがある。それは「自分の心に従う勇気」です。

悪は思考停止から生まれる

【シーン5　映画『ハンナ・アーレント』（2013年公開）より】

「彼は、人間の大切な質を放棄しました。思考する能力です。その結果、モラルまで判断不能となった。思考ができなくなると、平凡な人間が残虐行為に走るのです。〝思考の嵐〟がもたらすのは、知識ではない。善悪を区別する能力であり、美醜を見分ける力です。私が望むのは、考えることで人間が強くなることです。危機的状況にあっても、考え抜くことで破滅に至らぬように」

これは映画『ハンナ・アーレント』で、アーレントが講義の中で学生たちへ語った一節です。日本では2013年10月26日に岩波ホールで公開され、初日から2日連続で満席の観客を集め、その後も長蛇の列ができるほどの大盛況が続きました。その様子はメディアでも大々的に取り上げられ、列をなす会社員風の中高年の姿が印象的でした。

冒頭の〝彼〟とは、アドルフ・アイヒマン。ナチスの親衛隊将校で、数百万人ものユダヤ人を収容所へ移送するにあたり指導的役割を担ったとして、逮捕された人物です。

哲学者であり、大学の教授でもあったハンナ・アーレントは、アイヒマンの裁判を傍聴し、彼の証言を聞くうちに、「彼（アイヒマン）は私たちとなんら変わりない、平凡な人間ではないか？」と考えるようになります。

そして、その裁判レポートを1963年に『ザ・ニューヨーカー』（1925年創刊の米国の雑誌）に投稿（『エルサレムのアイヒマン――悪の陳腐さについての報告』“Eichmann in Jerusalem: A Report on the Banality of Evil”）。

「アイヒマンは残虐な殺人鬼ではなく、上層部の命令どおりに動いただけ」というアーレントの指摘は、アイヒマン擁護と受け止められ世界中からバッシングを受けます（アイヒマン自身が裁判でユダヤ人をガス室に送ったのは自分の意志ではなく、上層部からの命令だったと主張した）。レポートに、ユダヤ人指導者がナチスに協力していたという新たな事実も記されていたので、苦楽を共にしてきたユダヤ人の友人からも絶交を言い渡され、アーレントは孤立を余儀なくされます。

しかし、アーレントは決して屈しませんでした。

なぜなら、彼女は自分の頭で考えて、考えて、考え抜いたから。「残虐な殺人鬼」と世間に評された男を批判するでも擁護するでもなく、ひたすら理解しようと考え抜いた。アイヒマンが置かれていた状況、彼の心の動き、彼の行動、ｅｔｃ．……を、アーレントは自分の頭で何度も何度も考え、決して〝思考の嵐〟をやめなかった。

その結果たどり着いたのが、「善を為すとも悪を為すとも決められない人間こそが最大の悪を為し得る＝悪の陳腐さ」という考察でした。

「考える葦《あし》であるはずの人間が、考えるのを止めたとき、悪が生まれる」「思考の嵐がもたらすのは、知識ではない。善悪を区別する能力である」という自分の心の声に従い、社会に悪の陳腐さを訴え、世界と戦ったのです。

この地味な映画がミドル世代を中心に大人気を博したのも、多くの会社員が「自分も考えることを、止めているのではないか？」と自問する一方で、「このままではいけない。

自分の意見を言う勇気を持たねばならない」という思いに駆られた証だと、私は解釈しました。

それは日本社会にただよう空虚感のようでもありました。

肩書きが圧倒的パワーを持つ日本

アーレントはアイヒマンが「ヒトラーの命令に従った」とは明言していません。歴史家でナチズム研究の世界的権威であるイアン・カーショーが説明するように、ヒトラーに傾倒した信奉者たちが、ヒトラーが気に入るであろう過激な行動や発言を拡大し、毒された考え方をするようになったゆえの暴挙だったことをアーレントは見抜いていたのでしょう。

絶対的権力者のもとで「人」は、権力者の考えや信条を内面化しがちです。

会社組織における会社員も例外ではありません。権力の働きがシステマティックに埋め込まれた会社組織では意思決定の特権は一部の権力者に占有され、周りはそれに黙従せざるをえないという人間関係ができあがります。

とりわけ「階層主義」が世界的にも強い国と位置づけられるほど、日本の会社組織は上司と部下の権力格差が大きく、上に楯突くことは許されません。常に上司の意見に敬意を払うことを求められ、何をするにも上司にお伺いをたて、筋を通すのが礼儀とされています（エリン・メイヤー著、樋口武志訳『異文化理解力——相手と自分の真意がわかる ビジネスパーソン必須の教養』英治出版より）。

「忖度《そんたく》」という言葉が一世を風靡したとき、海外メディアが「そんな言葉、うちの国にはないから訳せないよ〜！」と困惑したことからも、いかに日本人が「上」ばかりを見て仕事、いやいや上に敬意をはらいながら仕事をしているかがわかります。

若い頃は会社の理不尽を嘆いていた人でも、年齢を重ねるうちに保守的になったり、「前例を壊してやる！」と鼻息をぶんぶん荒くしていた人でも、昇進した途端、教条主義に埋没するのはよくあること。肩書きが圧倒的なパワーを持つ日本の会社組織では、権力のある人＝ヒエラルキーの高い人に「ものいわぬ」ことは、ある意味においては美徳なのです。

しかし、生きるとは考えること。考えるとは幸せになること。

その「考える」という作業をやめたとき、「私」は何者でもなくなります。「自分が面白いと思う企画」じゃなく「上司が好きそうな企画」を、「自分がやりたいと思う仕事」じゃなく「上司に気に入られそうな仕事」を考えるようになり、忖度と社内政治ばかり上手くなっていくのです。

一生抜け出せない「無間地獄」――という絶望

体育会系の厳しい序列

かつて大学の体育会系の部活には、「1年奴隷、2年平民、3年貴族、4年神様」という言葉がありました。かくいう私もバリバリの体育会系剣道部出身です。剣道部は運動部で唯一の男女平等の部活です。稽古も一緒、地獄の夏合宿も一緒、極寒の寒稽古も一緒、「100本切り返し」「掛かり稽古」などの日々の地獄の稽古も男子部員と一緒でした。

「1年奴隷」の最初の洗礼は、新入生歓迎会をかねた花見での一発芸です。何をやったか忘れましたが、「なんでこんなことやるの？」なんて疑問を抱くこともなく、「神様」たちの声に従いました。

次の洗礼は、5月に武道館で行われる全国大会で、歩道橋の上から大声で自己紹介をやることでした。「なんで？」と立ち止まることも、ひるむこともなく、言われるがまま武道館と靖国神社を結ぶ歩道橋の中央に立ち、大声で自己紹介をしました。

幸いというか、なんといいますか、あの頃の、私の辞書には「恥ずかしい」という言葉がなかった。ですから、けっこう洗礼を楽しんでいたんですよね。今、考えるとわけがわかりません。なんであんなバカなことやらなきゃいけなかったのか。というか、自ら率先してやったのか。私はどうかしてました。

最悪なのは自分が「2年平民」になったときに、尻込みする後輩に「けっこう楽しいからやってみなよ！」などと呪いをかけたことです。まさに「神様の内面化＝悪の陳腐化」です。自分で何も考えてないのです。「上層部の命令に従ってるだけ」という自覚もないままに、下にバカな自己紹介をやらせようとしていたのです。

しかし一方で、「薫さん！」と慕ってくれる後輩ができてめちゃくちゃうれしかった。稽古が終わったあとの雑巾掛けから解放され、驚くほど稽古が楽になりました。「1年奴隷」と「2年平民」とでは、部活内の地位が雲泥の差です。1年生のときから運よくレギュラー入りし、「4年神様」からもかわいがってもらった私でさえ、奴隷からの解放感は壮大でしたから、常に「奴隷」としての奉仕を余儀なくされた同級生たちの解放感は半端なかったはずです。

割食う氷河期世代

会社組織は、しばしば体育会系にたとえられます。最近は体育会系のノリに否定的な意見も多く、だいぶ減りました。しかしながら、少なくとも2018年に各界の〝大ジジイ〟たちの愚行が暴かれるまでは確実に続いていました。

財務省事務次官、日大アメフト部の監督、日本ボクシング連盟の会長などなど、「昭和の化石」のような人たちの悪行が次々と明るみに出、「いったい日本はいつの時代を生きてるんだ」と呆れると共に、「パワハラ、セクハラ」への関心が高まり、「絶対に許さない」という暗黙の了解が少なからず社会全体に共有されたように思います（まだまだ物足りませんが）。

その体育会系組織の末端で、長い間理不尽に耐え、やっと、本当にやっと入ってきた「奴隷＝新入社員」に面食らい、絶望したのが氷河期世代です。

なにせ自分たちがやってきたこと＝雑用やしきたりなどを頼むと、「え？　それって業務命令ですか？」と無愛想に答え、歓送迎会の翌日には、「昨日の飲み会って、残業代ってつきますよね？」と真顔で聞き、ＬＩＮＥで「ちょっと体調悪いので休みます」と、朝連絡がきたのに、ＳＮＳには「久しぶりに来ました！」と、とある遊園地の人気キャラクターの帽子をかぶってはしゃいだ姿の写真がアップされていたりするのです。

ちょっとでも圧をかけようものなら、「ブラック企業！」「ブラック上司！」とTwitterに投稿されるありさまです。

その反面、新人が拒否する雑用やら体育会系のしきたりやらが「本当に必要なのか？」と問われれば、必要ないような気もしますし、「何か役に立ったのか？」と言えば、たいして役に立たなかった気もします。

ひとつだけいいことがあったとすれば、「世の中には誰もやりたくないし、やらなくてもいいのに、誰かがやらされている仕事がある」ことを知ったくらいでしょうか。

おまけに「神様」ときたら、奴隷たちが神様のせいで無間地獄に追いやられたことをすっかり忘れているのですから、悲しいやら虚しいやら。氷河期を作り、非正規を作り、会社組織の人口ピラミッドをいびつにした責任を1ミリも感じてないのですから、まったく埒《らち》があきません。

――当社では、30代後半から40代前半の層が薄くなっています。２０００年前後に構造改革で採用を極端に減らしたためです。その世代が中間管理職として一番パワーをもたないといけない時代にさしかかってきた。キャリア採用もしていますが、なかなか人が集まりません。

（中略）ないものねだりをしても仕方ないので、若い人を早く登用して育てていきます。人を確保する努力と並行して、自動化などの省人化を早く進めることが必要だと思っています（２０１７年12月7日付『朝日新聞デジタル』より）

これは、某大手企業のトップ＝神様が大手新聞社のインタビューで語った内容の一部です。

たったひとこと、「自分たちの失策でこの世代には申し訳ないことをした」と言ってくれれば、奴隷生活の理不尽もほんの少しだけ報われたのに。「氷河期世代には苦労させてしまったから、バチがあたったのかなぁ」とでも言ってくれれば、「あのときはしかたがなかったんだね、会社も大変だったんだね」とつじつま合わせができるのに。残念ながら、「神様」＝スーパー昭和おじさんの辞書に「ごめんなさい」という文字はありません。

大きな組織ほど「神様」の影響力は蜘蛛の巣のごとく張り巡らされ、それは同時に、権力者の「他者の視点に立って考える力」を弱体化させるのです。

「無間地獄」の嘆き

【証言２　体育会系最後の世代Ａさん】

「僕たち氷河期世代は、パワハラ、長時間労働、低賃金の三重苦に耐え、精一杯生きてきました。その後は働く環境も改善されましたが、恩恵を受けるのはいつも次の世代です。報われなさに絶望します」

【証言3　体育会系最後の世代Bさん】

「今は、働き方改革で労働時間が短くなったけど、若い世代は家庭もプライベートも充実できていいなと思う。上の世代のようになりたくないので、自分も勉強してるけど、記憶力が落ちて効率が悪くて悲しい」

【証言4　体育会系最後の世代Cさん】

「私は希望した大企業は採用がなかったので、地元の中小企業に就職しました。なんでも自分でやらなきゃいけなかったので鍛えられたし、スキルも身についたので独立しました。その直後にコロナ禍です。また死にそうな思いをさせられました。なんとか生きてますが、この先も不透明ですし、厳しい状況が一生続くのが、私たちの世代なんだろうなって思います」

これらは「２０２３年の賃上げ」について書いたコラムに送られてきたメッセージの一部です。

コラム自体は、「日本の賃金はこの20年間上がっていないというけど、実際には上がらないどころか、下がっている」「45～54歳がもっとも減少幅が大きく、１９９４年の年収８２６万円から、１９５万円も下がっていた」「賃上げの恩恵を受けるのは大企業の20代30代」というお金に関することを書いたものでした。

ところが、送られてきたのは体育会系最後の世代からの「無間地獄の嘆き」のオンパレード。恩恵を受けるのはいつも下の世代、上の世代のようになりたくない、厳しさが一生続く……。体育会系最後の世代の絶望は、深く、深く、とてつもなく深い。マリアナ海溝より深い絶望に打ちひしがれているのが、「何者にもなれなかったぼくら」です。

しかし、しかしです。

「俺たちはこの世界で生きていかねばならないのだ！」（ｂｙ前田）

そして、生きるとは考えること。考えるとは幸せになること。上司に嫌われようとも、会社と喧嘩することになろうとも、自分で考えなきゃいけないのです。

ポイントは人間関係

そこでここからは、「40代の絶望」の背景を紐解くことで、「この世界を生きぬく」方法をお話ししますので、この絶望の中で自分はどう生きるか？ を考え、「自分の心に従う勇気」を手に入れてください。

絶望その1 「年を取れば楽になる」は大間違い――という絶望
絶望その2 今の上の世代はまったく参考にならない――という絶望
絶望その3 上にも下にも気を遣わないといけない――という絶望
絶望その4 国の生きる力が衰退しまくっている――という絶望

これらの絶望はバラバラのようで実はつながっています。

私たちのネガティブな感情の根っこには例外なく人間関係が潜んでいる反面、しあわせは人間関係からしか得られません。そんなコインの表と裏のような人間関係を「ちょっとだけよくする力＝ヒューマンスキルを高める！」が本章のひとつ目のゴールです。ヒューマンスキルなんて言葉を使うと、「高めるのに時間がかかりそう」とビビる人もいるかもしれませんが、ネガティブな心の裏側を知るだけで自分が変わり、学ぶだけで自分の見方が変わります。これがふたつ目のゴールです。

とにもかくにも簡単なスキルがきっかけとなり、ささくれだった心がほんの少しだけ潤いますので、気楽にお読みください。

「年をとれば楽になる」は大間違い――という絶望

上司を追いつめる〝ゆとりモンスター〟

「お恥ずかしながら、私、うつで休職してました」

バツが悪そうにこう切り出すのはササキさん（仮名）、44歳。大手メーカー勤務の係長さんです。現場のメンバーをまとめる役割を担う彼を追い詰めたのは、長時間労働でも、上司のプレッシャーでもありません。〝ゆとりモンスター〟です。

【証言5　大手メーカー勤務のササキさん（仮名）44歳】

「海外展開の部署に異動になって出張も多かったですし、月100時間くらいは残業してましたから、かなり疲弊していたことはたしかです。でも、部下のことが一番しんどかった。

お客さんにシワシワの資料を平気で出す、注意すると幽体離脱したみたいに無表情になって聞こえないふりをする、周りが残業していても見向きもしないでとっとと帰る。自分がやりたくないことは絶対にやらない、地味な仕事は『それ、なんの意味があるんですか?』とやたらと聞いてくる。そのくせけっこうナイーブで、すぐに自信喪失する。そのたびに周りが慰め、褒めなきゃならない。放っておくと貝になり、誰かに優しく声を掛けてもらえるまで、すね続けるんですよ。

一つひとつは些細なことだし、余裕があれば笑って終わりにできることばかりです。でもね、毎日毎日顔を合わせるわけでしょ。その度に何かしら起こる。大きな声でも出そうもんならパワハラになってしまうから、ひたすら耐えるしかない。すると、どうなると思います？　次第に自分を責めるようになるんです。自分にはリーダーとしての能力がないんじゃないかって。もう出口がない感じでした。

家でもストレスを引きずっていたみたいで、妻から病院に行ったほうがいいって言われました。それで医者に『すぐに会社を休まないと、取り返しのつかないことになる』って診断されたんです。そのときですか？　いや、ショックはないです。むしろ『これであいつらから逃れられる』と清々《せいせい》しました。

でも、心身が回復していくのと並行して、部下がいるってことが怖くなってしまった。初めて部下を持った時はうれしかったし、やっとこれで楽になれると信じていたんですけどね。今は部下は二度と持ちたくないという気持ちと、そんな自分の弱さをなんとかしなきゃって気持ちを、行ったり来たりしてる感じです」

ササキさんにインタビューしたのは、今から4年前。当時はどこに行っても円周率を3と教えられた「ゆとり世代」の問題を相談されました（ゆとり世代＝一般的に1987年4月2日～2004年4月1日に生まれた世代）。〝ゆとりモンスター〟と揶揄《やゆ》する声も多く聞かれました。

最近は若い社員の代名詞に「ゆとり世代」が使われるのは激減しましたし、〝モンスター〟などというレッテル貼りへの批判もあります。それでもやはり「上司から見た若い社員」はモンスターでした。なにせ、やっと本当にやっと「奴隷」から解放されたのに、入ってきたのは体育会系と一線を画す若者たち。彼らの言動は理解不能なものばかりです。

しかも、予期せぬ事態に手を貸してくれる「平民＝同僚」もいなけりゃ、気遣ってくれる「先輩＝貴族」もゼロ。ただただ「ひとつよろしく！」とすべてを押し付けられ、ストレスは溜まる一方です。

いつの時代も「最近の若者は～」という言葉が口を衝いて出るのは年をとった証拠ですが、愚痴るだけではおさまらないのが、自信ありげなのに案外ナイーブなゆとりモンスターの言動です。

「自己肯定感」の誤解

体育会系世代が〝モンスター〟と感じる若者が増えた背景には、ゆとり教育と共に到来した「称賛を賞賛する」社会の影響が多分にあります。

「子どもの個性を伸ばせ！」「個性を潰すな！」という掛け声のもとスタートしたゆとり教育の右にならえとばかりに、家庭で会社で、親子関係で、上司部下関係で、めったやたらに褒めることが推奨されました。

それまでの日本社会は「叱って育てる」が基本でしたから、褒めて育てる論はいわば「体育会系社会からの脱出」であり、終焉《しゅうえん》を告げる動きでもありました。

誰だって叱られるより褒められたいし、褒められたほうがやる気も出る。「しごかれるより、やりたいことをやらせて欲しい！」という願いに光を当てたのが「個性」という2文字です。当時は、脳科学というはやりの学問も加勢し、「褒めて育てる！」社会ができあがりました。

しかしながら、「豚もおだてりゃ木に登る」とばかりにあっちでもこっちでも「称賛を賞賛する」社会は諸刃《もろは》の剣《つるぎ》です。

例えば自己肯定感。最近は自己肯定感という言葉が頻繁に使われ、「子どもの自己肯定感を高めるには褒めて育てよ！」といった言説や情報があふれていますが、褒めるだけでは自己肯定感は高まりません。自己肯定感は、「どうやって叱るか？」が重要で、その際、信頼と共感を示すことが必要です。

具体的には、成績が悪かった子どもを頭ごなしに叱ったり、やたらに励ましたりするのではなく、「あなたは頑張ったのにうまくいかなかったね」などと、頑張りを評価（＝共感）した上で、本人にうまくいかなかった原因を考えるように仕向ける（＝相手への信頼）。

そうやって自分と向き合い、自分で決める経験を積み重ねさせることで「私と共存する心」が育まれます。自己肯定感は「いいところも悪いところも含め自分を好きになる感覚」です。人は自分自身を受け入れてこそ、自分を信じ、前向きに生きていけるのです。

「自尊心」と「自己評価」は違う

また、自尊心（自尊感情と呼ぶ場合もあり）という言葉も一般的に広く使われていますが、心理学ではM・ローゼンバーグが定義した「自分自身に対する態度・評価・信念」と理解されています。

自尊心の形成には他者からの関わり方が強く影響し、とりわけ幼少期の親の関わり方が重要です。かつては「無視するより殴るほうがまし」といった過激な意見が研究者から出るほど「関わること」が重視されました。

ここでの「関わる」は「褒める」ではありません。「いいことはいい」と認め「悪いことは悪い」とたしなめる経験が、自尊心を育みます。

自尊心は「自分と自分の対話」で成立するもので、それは「自分を尊重する心」であり、「自己への確信」です。自分との対話がないままに、他者からひたすら褒められると、自己評価だけが拡大し「自己過信」する子どもになる可能性を高めます。

つまり、上司が部下と関わる際に、なんでもかんでも褒めたり、要求をいちいち受け入れていると、彼らの「生きる力」「ストレスに対処する力」が衰えてしまうのです。

大切なのは、相手＝部下の意見をきちんと聞き、自分＝上司の意見もきちんと伝えること。上司は上司らしく振る舞えばいいのです。伝えるには、教える、指導するも当然含まれますが、「自分の心にしたがった意見」を伝えてください。まちがっても「神様の内面化＝悪の陳腐化」にならないようにお気をつけて。

そして、部下があなたの意見を受けとめ、「そっか！　こうすればいいんだ！」と小躍りした場面になったら200％褒めてください。これこそが「共感」（前述）です。

部下が最大のリスク

とはいえ、モンスターに「自分の心に従った意見」を伝えるのは、決して容易ではありません。なんといってもモンスターです。何を考えているのか、わからない。

かつて職場の最大のリスクは「上司」でしたが、今は「部下」です。部下オリエンテッドが強まる「この世界」を生き抜くには、〝モンスターストレス〟にうまく対処し、同時に「上司」あるいは「先輩」としての自信を保つスキルを身につけることも必要です。

そこで、まずは「吐く」、そして「出す」を徹底してください。

ストレスには2種類ある

私たちが感じるストレスは、「ライフイベント」と「デイリーハッスル」という、ふたつのシーンに分けられます。

前者は人生上で起こる節目の出来事で、転勤や異動、転職、結婚、離婚、あるいは大切な人の死など、誰もが経験しうるストレスです。ライフイベントは突然の出来事であればあるほどその衝撃は強くダメージも大きくなりますが、「私もそうだったよ」「うん、わかる」といった具合に周りからの共感も得られやすいのが特徴です。

デイリーハッスルは、日常的に遭遇するイライラごとで、人間関係のもつれや悩み、仕事上の失敗、忙しさからくる不満や怒りなど、日常の生活で遭遇するストレスです。どんな出来事がデイリーハッスルになるかは人により異なりますし、その日の気分や状況によっても変わります。

「一つひとつは些細なことだし、余裕があれば笑って終わりにできることばかり（byササキさん）」といったストレスは、まさにデイリーハッスルです。

ストレス研究の専門家の中には、「日常イライラしたり悩んだりするのは、この世の中に生きていれば当たり前だ」として、デイリーハッスルをストレッサー（ストレスの原因）として扱わない人も少なくありません。

しかし、現実はドラマよりドラマチックだし、学問や理論では説明できない問題だらけです。上司と部下の関係のように毎日顔を合わせなくてはならない、相手を避けることも逃げることもできない状況では、デイリーハッスルは「デイリーヘル」。地獄の苦しみです。

上司に対するイライラなら、「そうそうその通り！　マジ、部長むかつく！」と満場一致の賛成票を集められても、部下の場合は無理。「最近の若い奴らは〜とか言い出したら終わり」だの「自分のマネージメント能力のなさを部下のせいにしてるだけ」だのと陰口を叩かれ、ジ・エンド。最悪の場合、ふとこぼした愚痴を「ハラスメント！」と批判されてしまうリスクだってあります。

〝Bite me note〟に「吐く」

そこで「吐く」です。〝Death note〟ならぬ、〝Bite me note〟で、イライラやモヤモヤが溜まらないようにしてみましょう。

Bite meはスラングとして使われる言葉で、「消え失せろ！」「うるさい！」「ふざけるな！」という怒りを意味しています。Bite me noteを作り、部下や若い世代にイラっとしたら、Bite me noteを取り出し、そこに部下の名前を書いてください。

サッカーワールドカップで森保監督が試合中に、ノートを取り出しササっと〝何か〟をメモする姿が話題になりましたが、あんな感じにササっと「消え失せろ！」と思った部下の名前を書く。とにかく書く、書くだけでオッケーです。

名前を書くだけですから、時間にしたらわずか6秒程度です。人間の感情をコントロールする前頭葉が機能するには5秒ほどかかるので、Bite me noteに名前を書いているうちに怒りは消えます。話題のアンガーマネジメントの6秒ルールも、怒りを消す脳のメカニズムを利用しています。

２００２年６月にアメリカで発売したファーストアルバム『Let Go』で、一気に欧州で人気者になった歌手アヴリル・ラヴィーンが21年に出した超ロックな曲名も、『Bite Me』。浮気した彼にブチ切れる女性の心情を歌詞にしたものですが、アヴリルもBite Meの歌詞をつくることで、ストレスを吐き出した……のかもしれません。

また、「書く」という行為にはカタルシス効果がありますので、心の中のネガティブな感情を文字にして吐き出すだけで気分もすっきり。心のモヤモヤを誰かに愚痴ると、すっきりするのと同じです。名前は個人の存在そのものですから、案外すっきりします。ですからBite me noteにどんどん書いて、心の澱《おり》を浄化し、心の緊張状態＝ストレス状態をほぐしてください。ちなみに私は若い頃、Death noteで心を浄化してました。絶対に人に言わないでくださいね。

おせっかい情報を「出す」

しかし、ここで終わりにしては、ストレス地獄は繰り返されます。そこで「出す」です。

気が向いたときだけでいいので、「役に立つかどうか知らんけど」くらいのノリで、仕事の軽いおせっかい情報を若い社員に伝えてください。軽さがポイントです。ただし、仕事とは直接関係ないおせっかいはしないこと。プライベート情報などもっての外です。あくまでも「仕事関係」の情報を「出す」。「指導」ではなく、ただ「出す」です。

提出書類のホチキスの止め方とか、ファイリングの仕方とか、電話の出方とか、小さなことでいいので「仕事に役立ちそう」な情報に特化してください。毎日出すと鬱陶しがられるので、3日に1回、あるいは1週間に1回で十分です。

以前、大学の講義で学生に、「わからないことはわからないと聞いたほうがいい」と話したところ、ひとりの学生が「え、そんなことできない」と咄嗟《とっさ》に声を出しました。「なんで？」と問うと、他の学生たちからも、「聞けない理由」が相次ぎました。

「そんなことしたらダメな奴だと思われる」
「こんなことも知らないの、とか言われそう」
「そんなこともできないのに、ここでバイトしてるのって言われちゃう」
「聞いたら終わり。使えない奴ってレッテル貼られちゃうもん」

などなど、彼らの脳は「聞く＝ダメな奴」という公式で埋め尽くされていたのです。

そんな「わからないことを聞けない若者」にとって、仕事の情報はとても助かります。たとえ、その情報が「ん⁇」というものであっても、自分に声を掛けてくれる人がいる、「私を気にしてくれている人がいる」というメッセージは、案外、うれしいのです。

ちなみに私が新卒社会人を半年間追跡した調査でも、先輩や上司の情報の大切さを示す傾向が認められています。

調査では新卒社会人のメンタルヘルスに、「情報ネットワーク＝仕事に役立つ情報を与えてくれる人」と、「友好ネットワーク＝職場を離れても付き合いがある人」がどのように影響するかを、入社3カ月前から入社半年後まで縦断的に検証しました。

その結果、入社してすぐに「情報ネットワーク」を構築できた人は、3カ月後のメンタルヘルス4指標（心身症状・抑うつ・自尊感情・ワークモチベーション）すべてが良好で、組織にスムーズに適応していました。一方、「友好ネットワーク」の影響は自尊感情とワークモチベーションの2指標のみに限定されていました。

さらに、1年後に行った聞き取り調査では、興味深い結果が得られています。

幅広い年齢、さまざまな役職や部署の人たちと「友好ネットワーク＝いい関係」を構築できた人ほど、会社への帰属意識が高く、職務満足感も高くなっていました。一方、「情報ネットワーク」にその関連はありませんでした。

つまり、「情報を出す＝情報ネットワーク→部下との距離が縮まる→少しだけいい関係になる＝友好ネットワーク」が実現すれば、「あなた」が部下の最高の上司になるかもしれないのです。

価値観も生き方も違う若い世代に「光」を照らす存在になれば、「年をとれば楽になる」は大間違いという絶望が、あなたの自信に変わるにちがいありません。

今の上の世代はまったく参考にならない――という絶望

利用される「女性のロールモデル」という勝手

「すべての女性を輝かせます！」と政府が狼煙《のろし》をあげてから、「ロールモデル」という言葉があちこちで使われるようになりました。「女性の管理職が少ないのは、女性のロールモデルがいないから」といった具合です。

しかし、40代の働く女性たちからは、

「キミは結婚してないからロールモデルにならない」

「キミは子どもがいないからロールモデルにならない」

「キミは中途採用だからロールモデルにはならない」

と会社からロールモデル失格の烙印《らくいん》を押されたという嘆きを度々聞かされてきました。

要するに「ロールモデル」信仰は、「我が社には、結婚して子ども産んでも出世した〝スッバラシイ女性〟がいるんです！　ね、うちっていい会社でしょ?」と、女性をショーケースに入れて見せびらかすのが目的であり、女性管理職の少なさの言い訳に過ぎなかったということなのでしょう。

レールの先が見えない

他方で、「ロールモデルがいない」と悲鳴をあげるのが、体育会系最後の世代です。

「年をとれば昇進」「定年後は悠々自適」……のはずが、年功序列は消え、45歳定年説がささやかれ、悠々自適は死語になりました。上の世代が歩んだ会社員レールは錆びつき、廃線になり、複線になり、年々複雑化しています。

「上の世代はまったく参考にならない！」「この先どうすりゃいいのさ？」「ロールモデルみせてくれよ！」とあえいでいるのです。

【証言6　大手マスコミ勤務シンドウさん（仮名）42歳】

「年功序列も年功賃金も僕たちの世代には関係ありません。年下が上司になり、賃金がこの先上がる見込みもない。上の世代は『課長代理』とか『課長待遇』とかとりあえずは肩書きがあるけど、僕たちには代理の席すら空いてません。管理職なのに部下なしって、貴族並みのご身分ですよね。『俺はラインじゃないから～』とかって自由きままに好きなことやってるし。そのくせ管理職面して口を出す。

役職定年になると給料下がるとか文句言ってますけど、それだけたくさんもらっていたわけだから。僕には逃げ切り世代にしかみえません。僕たちは上の世代と同じレールに乗ったつもりだったけど、途中から消えてしまった。ロールモデルがいないと、キャリアパスが見えない。っていうか、この年になるとキャリアパスがあるのかさえわからなくて。お先真っ暗です」

シンドウさんは厳しい採用状況の中、どうしても「マスコミで仕事をする夢」を諦めきれず就職浪人を経て入社の切符をゲットしました。月残業100時間超なんて当たり前だったけど、やりがいのある仕事だったのでへっちゃらでした。「自分は必要とされてる人間なんだ」と思えた。その気持ちが、「もっともっと」と前に進むエナジーに変換されたそうです。

ところがふと気づくと自分も40代。いつかは開くと信じていた「出世の扉」は、待てど暮らせど開きませんでした。上の世代は年齢とともにそれなりのポジションにつき、給料も上がっているのに、自分たちにはそれがない！「希望退職」という名の絶望リストラをいつ迫られるかもわからない。

悪いことをしたわけでも、インチキしたわけでもなく、ただただ一生懸命生きてきただけなのに、いったいなぜ？ 「おい！ この先どうすりゃいいんだ？」と憂えていたのです。

40代は「中期キャリアの危機」

ただでさえ40代は「思秋期」と呼ばれる微妙なお年頃です。

人間にはもともと「アイデンティティ」（自己の存在証明、あるいは自分自身は社会の中でこうして生きているんだという実感、存在意義）を探索する欲求がありますが、40代になるとまるで思春期の頃のように、自分の存在意義に不安を覚え、自分探しを始めることがあります。

職場での立ち位置の変化や体力の低下に加え、恩師の訃報が届いたり、同級生が亡くなったり、内的にも外的にもネガティブな経験が増える。親にも変化が訪れ、父親の背中が妙に小さく見えてしまったり、母親が同じ会話を繰り返すようになったりと、人生の時間的展望も微妙に変化します。若い時にはほとんど意識しなかった喪失感が身近になり、自分の人生の逆算が始まるのです。

キャリア心理学的には、40代の曖昧な不安は「中期キャリアの危機」と呼ばれています。

米国の組織心理学者エドガー・シャインは中期キャリアの危機を、「気が滅入り、落胆した状態。あるいは、ガソリンが切れた、モチベーションを失った状態であり、彼らは自らの仕事に興奮を得られず、もし経済的に実行可能なら劇的なキャリア転換さえ夢みる時期である」としました。

上の世代なら「昇進」を目指すだけでよかった。しかしながら、40代には無理。会社側は「若手起用」に躍起になっているのでヒラの40代が昇進できる可能性はほぼなし。かといって転職をしようにも、履歴書に書く肩書きもない。この先どうすりゃいいのさ？　せめてロールモデル示してくれよ！　と願うのは、人間の自然な感情です。

アンチロールモデルはいる

しかし、ものは考えようです。ロールモデルはいなくても、アンチロールモデルは山ほどいます。

「いい給料もらって口だけ動かして、ちっとも働かない、〝使えないおじさん〟になりたくない！」とか、「人が言ったことにすぐに被《かぶ》せてくる、マウンティングおじさんになりたくない！」とか。「気分次第で、部下たちを怒鳴りちらすおばさんになりたくない！」「『俺たちの頃はさぁ〜』と古き良き時代を自慢する昭和おじさんになりたくない！」「『DXとかわけわかんないし〜』とIT音痴を理由に、面倒な仕事を若い世代に押しつけるおじさんになりたくない」といった具合に。

そんな「ああはなりたくない！」アンチロールモデルを反面教師に、「これだけは絶対にやらない」を決めればいいのです。

例えば、前述したアンチロールモデルを反面教師にするなら、「余計な一言（＝口先だけ、被せて言う、気分で怒鳴る、俺たち自慢、できない自慢）を絶対に言わない」です。上の世代をアンチロールモデルにすれば、毒が妙薬に大変身です。人生の後半戦に必要なのは、ロールモデルではなくアンチロールモデルです。

その上で「余計な一言を言わない」ためにはどうしたらいいかを考えるとより実践的です。

私の場合は、「へ～そうなんだ」「そうなんですか」を口癖にすることで余計な一言を言わないで済むようにしてます。これは私自身が若いときに先輩との会話を「そうなんですか攻撃」で乗り切ってきた経験と、900人超のビジネスパーソンをインタビューした中で「人は自分の話を聞いてもらいたい」という確信から生まれたスキルです。「へ～そうなんだ」と興味があるふり（ふりでいいのです！）をされて、気を悪くする人はいません。「そうなんですか」と驚いたふり（ふりでいいのです！）をすると、相手は自然と心を近づけてくれます。そうやって相手の話に耳を傾けていると（ときにはちくわ耳にして流しながらでも）、「え！　そうなの!?」と学びの芽に出会うことがあります。そこからは「ふり」をやめて、相手とあれこれ話すとちょっとだけ心地いい時間を味わえます。

「そうなんですか攻撃」。試しにやってみてください。

「出世したい」と言えない心理

世の中「役に立たない」ように見える中にも役立つことがあったりもするので、上の世代の人間ウォッチも暇つぶしにやってみるといいと思います。といっても、すぐにはできないでしょうから、みなさんがまったく参考にならないと批判するバブル世代が、40代のときに何を考えていたのか？　そして、そこからわかる役立つ情報は何かを、約10年前の２０１２年４月にビジネス雑誌に書いた「ある40代男性の嘆き」（つまり現在50代前半）から探ってみましょう。

【証言7　大手企業勤務のハセガワさん（仮名）インタビュー当時40代前半】

「上司と年２回面談があるんですが、そのとき、『なぜ、出世したいと言わない。出世したいなら、私としても教えなきゃいけないことがある。おまえがやりたいとか、問題に思っていることを解決するには、出世しない限りできないだろう。なのに、なぜそれをストレートに意思表示しないんだ』と言われたんです。

正直言って戸惑いました。僕はいい仕事をした結果として出世できればいい、と思っていました。出世レースのために仕事があるわけじゃないですから。でも、上司は『結果的に出世できればいい』なんて都合のいいことを言うなと。出世するということは責任を任せるってことだから、そのためには通常の業務以外にいろいろと教えなきゃいけないことがあるって。

上司に言われてハッとした。私は出世したいと思ってる。もっと責任ある仕事をやってみたいし、自分の思い通りにもっと人を動かしてみたい。もっと新しいこともやってみたい。もう無理と諦めたくないと思っている。僕には出世願望があるって気づいてしまいました。

でも、『出世したい』って口にした途端、ろくでもないヤツに成り下がるような気がして。どうしても上司に出世したいと言えずにいます。オレって何なんだろう。自分でもわけがわからないです」

今の50代が40代だった頃、書店には〝出世〟に関するキャリア本が山ほど陳列され、出世は会社員と切っても切れない関係にありました。私自身、出世に関するコラムを何本も書きました。その度にコメント欄は「出世をどう定義するか」「出世は手段であって目的じゃない」といった、出世うんちくがあふれました。

会社員にとって昇進以外の出世などあるわけないし、手段だろうと目的だろうと出世したあと何をやるか？　が問題なのに、「出世」について語る人が後を絶ちませんでした。

当時の私のインタビューメモには、「20代は出世より成功者を好む、30代は結果的に出世できればいいと考える、40代は出世願望を口にすることは仕事にしか価値を見出せない寂しい人間と思われるのではないか？　と恐れている、50代は出世に関するネガティブなイメージは一切なし」と書かれています。

つまり、40代の会社員（当時）は出世したかった。でも、上の世代（＝50代）のように、「上司にゴマすって出世するような奴になりたくない」「他人の足を引っぱって出世する輩になりたくない」といったアンチロールモデルへの脅威を抱いていた。それがハセガワさんのようなお悩みになっていたのでしょう。

「やりたい！」と声に出そう

では、「まったく参考にならない」と今の40代が嘆く上の世代＝ハセガワさんの経験の何が参考になるのか？

例えば、ハセガワさんの経験は、

・上司に意思表示をすべし！

・「結果的に出世」なんてあり得ない！

・やる気は声にしないと伝わらない！

という教えです。

「気が滅入り、落胆した状態。あるいは、ガソリンが切れた、モチベーションを失った状態」（前述）から脱するためにも、自分の心にしたがって、自分が「やりたい！」ことを声にし、「やりたい！」と言い続けてみればいいのです。

「でもさぁ、やりたいとか、やらせてくれという部下を嫌う上司もいるから、余計に人間関係わるくなるんじゃね？」と心配する人もいるかもしれませんね。

はい、います。おっしゃるとおりです。だからいいのです。上司に嫌われる、上等です！　上司の期待に応えるより必要なのは、上司に従わない、上司に嫌われる勇気です。

「自己実現欲求」がなくなっていく自分に絶望していた人も、自分の心にしたがって「やりたい！」と声にしてください。

そもそも「やりたい！」と言い続ける目的は相手を変えることではなく、自分が変わること。「未来の記憶」を作る行為です。

人は本能的に行動計画に沿う

未来の記憶だなんて変なこと言うなぁと思うかもしれませんが、人は本能的に未来への行動計画を想像し、作り上げ、それを前頭葉に記憶させるようにプログラムされています。その未来への記憶に合致する選択と行動を無意識に行う機能が、私たちの脳にはある。

未来の記憶は、どんなキラキラした自己啓発本より効果的だし、どんなバリバリ成功した人の話より納得できる「私」を作るのに役立ちます。

何が変わるのか？　体感してみてください。

上にも下にも気を遣わないといけない――という絶望

スタンフォード監獄実験

1971年、「世界最悪の残酷な人体実験」と呼ばれる心理学実験が行われました。その名は「スタンフォード監獄実験」。米海軍の海兵隊刑務所で相次ぐ問題を解決するために、スタンフォード大学の心理学者フィリップ・G・ジンバルド博士らが、同大学の講堂を刑務所に仕立てて行いました。

被験者は新聞広告で募集され（心身ともに健康な人）、無作為に囚人と看守に分けられたのち、実際の刑務所とほぼ同じ環境の中で2週間を過ごすことを指示されました。囚人役にはそれぞれＩＤ番号が与えられ、実験期間中、互いに番号で呼び合うことが義務づけられ、与えられた衣服も質素なもので、一部の囚人役は手足を鎖でつながれました。一方、看守役の人々には丹精に作られた制服と木製の警棒が与えられ、大きな反射型のサングラスをかけることで、匿名性を確保し、囚人と目が合わないようにするといった工夫がなされました。

実験が開始されるまで、参加者たちは「報酬がもらえるユニークな実験」と思い込んでいました。囚人役も看守役も互いに和気あいあいと話し、和やかな雰囲気があったそうです。研究者もまた、実験中になにがしかの変化はあるとしても、さほど大きな問題は起こらないだろうと予想していました。

ところが、実験2日目に大きな変化が起きます。

事態は予想だにしなかった方向に進み研究者たちに緊張が走りました。

囚人役の被験者たちは、看守に対してささいなことでいらだち始め、やがて暴動を起こすようになり、看守役の被験者たちは暴動を鎮めるために虐待行為を始め、その虐待は次第にエスカレートしていったのです。囚人役の被験者たちも次第に看守役に服従するようになり、スタンフォード大学の講堂は映画などで描かれる刑務所さながらの状況に。囚人たちは、極度に落ち込み、号泣し、激怒し、激しい不安に襲われ、看守役の虐待行為も制御不能になりました。

あえなく実験は1週間で中止。この恐ろしい実験結果はまたたく間に世界に広がりました。

なぜ、こんな事態になってしまったのか？

実験結果が公表されるや否や、世界中で実験方法の正当性や倫理性も含め、さまざまな意見や議論が飛び交い、50年以上経った今も続いています。「衣服や監獄という物理的な環境が人間の行動を変えた」という意見もあれば、人間の深層心理に潜む「攻撃性」が、囚人と看守という立場の違いによって刺激された、とする研究者もいました。最近では「捏造《ねつぞう》疑惑」まで飛び出し、再び注目が集まっています。

しかし、たとえ実験の妥当性に問題があったとしても、多くの人がこの実験にショックを受け、50年以上語り継がれている現実を鑑みれば、人間には少なからずこういう残虐な側面があり、誰もが私の中の「リトル看守」「リトル囚人」を否定できなかったのだと思うのです。

人が疑いもなく「自分は相手より上」と信じこんだとき、人間の残虐的な部分が表出することがあるのではないか。一線を越えたとき、人間に宿る「悪」は止まらなくなるのではないか。一度手が出ると暴力はエスカレートするのではないか。

そんな薄気味悪さを感じさせたのがこの実験であり、おそらく誰もが、自分も〝加害者〟になってしまうかもしれないと恐怖を抱いたからこそ、「世界最悪の残酷な人体実験」が語り継がれているのです。

職場に提供すべきは「人格」ではない

全ての社員が家に帰れば自慢の娘であり、息子であり、尊敬されるべきお父さんであり、お母さんだ。そんな人たちを職場のハラスメントなんかでうつに至らしめたり苦しめたりしていいわけがないだろう。――

これは厚生労働省が設置した「職場のいじめ・嫌がらせ問題に関する円卓会議」のワーキンググループが、2012年1月に公表した報告書の最後に書かれていた言葉です。

まったくもってその通りだなぁとつくづく思いますし、「私」たちは労働力を提供しているのであって、「人格」を提供しているわけじゃない。なのに、「人を傷つけずにはいられない人」が一向にあとを絶ちません。

さすがに数年前には企業のあちこちに巣くっていた、

「昔はパワハラなんて、日常茶飯事だったよ」

「そうそう。僕も目の前で上司に原稿破られたりしたよ」

「今だったら完全にパワハラになるんだろうけど、愛があったもんな」

「ある意味ああいう行為って、愛情表現でもあるわけだし」

などと、堂々と「上司のパワハラ」を「愛情だった」と笑いながら話し、懐かしそうに振り返る輩は消えました。

しかし、「愛があればなんでも許される」という間違った価値観は、「パワハラと指導の境界線が難しい」という一見すると「部下思い」のような言葉に変わり、そのターゲットにされているのが40代です。

上にも下にも気を遣い、ヘトヘトになっている体育会系最後の世代の40代男性の多くが、「自分は相手より上」と信じて疑わない輩の被害にあっているのです。

パワハラ被害者は40代男性が圧倒的に多い

日本労働組合総連合会（連合）が実施した調査で、パワハラ被害者は圧倒的に40代男性が多く（42・4％）、次いで30代女性と50代女性（35・2％）だったことがわかりました（「仕事の世界におけるハラスメントに関する実態調査2021」より）。上司・部下という構図から「パワハラ被害者＝若手社員」をイメージしがちですが、実際には40代のベテラン社員が主たる被害者です。

パワハラの内容については、4割以上が「脅迫・名誉毀損・侮辱・ひどい暴言などの精神的な攻撃」で、パワハラの行為者は、「上司」が77・5％と圧倒的に多く、「先輩」33・3％、「同僚」23・6％、「後輩」7・2％と続いています。

おそらく若い社員には「パワハラになるかも」と躊躇《ちゅうちょ》しても、40代なら「これくらい言ってもいいだろう」と思っている上司が多いのでしょう。実際、私の周りの「パワハラに遭った知人」もすべて40代。職場で、みんなの前で、日常的に上司に暴言を吐かれ、孤軍奮闘を余儀なくされていました。

職場でハラスメントを受けたことがあるか

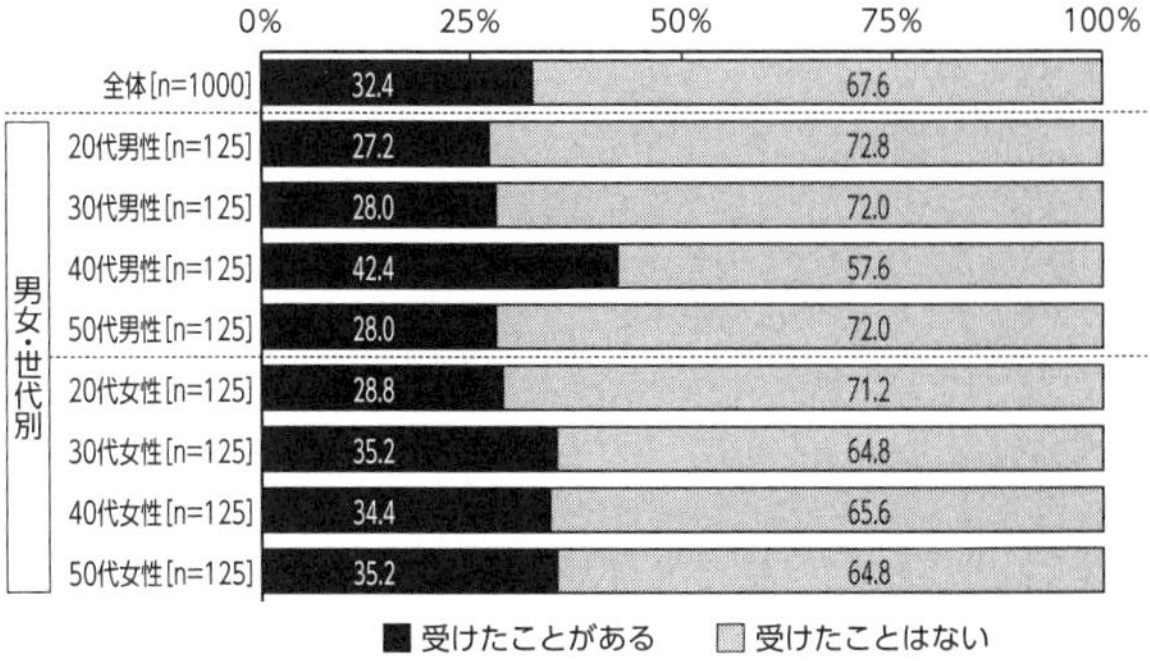

参照：日本労働組合総連合会「仕事の世界におけるハラスメントに関する実態調査2021」

パワハラから逃げる勇気

【証言8　大手銀行勤務のユウキさん（仮名）40代後半】

「まるで見せしめでした。部下たちがいる前で、毎朝怒鳴られる。最初のうちは、自分をスケープゴートにして、若い社員たちに活を入れているんだろうと思ったので、頭には来るけど、さほど深刻に考えませんでした。ところが、だんだんとエスカレートしていった。人間って、一度でも『バカ』とか相手を冒涜する言葉を使うとたがはずれるんです。『飛ばすぞ！』とまで言われましたから。

部下がハラスメントされるくらいならと、必死で正気を保とうと努力しましたけど、もう無理でした。あんなふうに部下の前で罵倒され続けたら、部下を指導することもできません。だから、部下の後始末を自分でこっそりやったりしてね。そうしているうちに上司の前に行くと、震えが出るようになってしまったんです。

おそらく私の変化に周りも気づいたのでしょう。同僚から、『お互いうまくやろうぜ』と言われてしまった。ヤツは励ましたつもりだったのかもしれません。でも、ああ、やっぱり自分がダメなんだと、自分が嫌になりました。『もう、無理。このままだと潰される』と思って、異動願を出しました。

管理職が自ら異動を願い出るということは、昇進拒否です。悔しいけど、そうするしかなかった。とにかくあのときは限界でした」

ユウキさん（仮名）は厳しい就職戦線を乗り越え大手銀行に就職。封建的な空気が残るその職場で、最後の最後まで耐えました。同期にも、先輩にも、後輩にも、会社にも相談しませんでした。「そんなことをしても無駄。立場が悪くなるだけ」と考えた。いや、そう思わせる空気を職場で感じたのです。

お互いうまくやろうぜ――。同僚は一体、どういう意味でこの一言をかけたのでしょうか？

「おまえも大変そうだけど、オレたちも大変なんだよ」と、自分たちも同じようにパワハラを受けていると言いたかったのでしょうか？

あるいは、「おまえのやり方にも問題があるから、もう少しちゃんとやれよ」と、暗に彼にも問題がある、と言いたかったのでしょうか？

真相はわかりません。しかし、ひとつだけ確かなのは、〝傍観者〟である同僚もまた、「パワハラに結果的に手を貸している」という、歴然たる事実です。

日本特有のいじめ構造

実は傍観者がパワハラを加速させる構造は、日本特有のものと考えられています。「子どもの世界は大人世界の縮図」と言われますが、１９８０年ごろから日本も含め世界の国々で、「子どものいじめ」に関する研究が蓄積されました。その中で、日本には欧米とは異なる独特の「いじめの構造」があることがわかりました。

欧米のいじめでは、「強い者が弱い者を攻撃する二層構造」が多いのに対し、日本では「いじめる人、いじめられる人、はやし立てる人、無関心な傍観者」という4種類の人で構成される「四層構造」がほとんど。四層構造では強者からの攻撃に加え、観衆や傍観者からの無視や仲間はずれといった、集団内の人間関係からの除外を図るいじめが多発します。

いわば「集団による個の排除」です。その結果、被害者は孤立し、「自分が悪いのでは？」と自分を責める傾向が強まっていきます。

もちろんこれは、「子どものいじめ」研究の中で確認されたものですが、いつだって子ども社会は大人社会の縮図です。

「さわらぬ神にたたりなし」という言葉があるように、いじめを目撃しても「自分には関係ない」と放置したり、遠くから乾いた笑いを浮かべながら見守ったり。あるいは、「倫理委員会に報告したら、報復措置をとられるかもしれない」と考えたり。

そんな見て見ぬふりをする同僚たちの行動が、いじめられている人をさらに追い詰める。誰にも言えなくなる。逃げる気力も失せる。そして、傍観者は傍観者にさらに徹していくのです。

2020年に「パワハラ防止法」が施行

日本では、やっと、本当にやっと2020年6月1日より改正労働施策総合推進法、通称「パワハラ防止法」が施行されました。パワハラ防止法では、具体的な防止措置を企業に義務化し、厚生労働大臣が必要と認めた場合、企業に対して助言や指導、勧告が行われるようになりました。

しかし、罰則の規定はなし。国際労働機関（ILO）の「働く場での暴力やハラスメント（嫌がらせ）を撤廃するための条約」ではハラスメントを「身体的、精神的、性的、経済的危害を引き起こす行為と慣行」などと定義し、それらを「法的に禁止する」と明記しています。

しかし、日本は「禁止」の文字を最後まで入れませんでした。

「法的に禁止」↓「損害賠償の訴訟が増える」という流れが予想されるため及び腰にな

った。日本は「人」より「企業」を優先したのです。

ジェンダー問題しかり、最低賃金しかり、ハラスメントしかり……。どれもこれも「人の尊厳」という、ごく当たり前に守られるべき問題なのに、正面から向き合おうとしないのが、「僕たちの世界です」。

「気遣い」ではなく「目配り」を

最後の体育会系世代の40代は嘆きます。上にも下にも気を遣わなきゃならない、と。世の中ハラスメントが多過ぎ、ただでさえキャリアが弱い自分は若い世代への対応が難しいのに、と嘆く人もいます。たしかに気を遣うのは疲れるかもしれません。

でも、「気遣う」とは相手を尊重すること。相手を「人」として見ていること。それはパワハラの加害者や傍観者に欠けている、極めて大切な心の力です。

ですから「上にも下にも気を遣わなきゃならない——という絶望」は、ある意味において職場の希望なのです。その希望がある限り、みなさんがパワハラの加害者になることはありません。上司に嫌われる勇気があれば、傍観者になることもありません。

スタンフォード大学の心理実験を思い出してください。人が疑いもなく「自分は相手より上」と考えたとき、人間の残虐な部分が表出するのです。過剰なプレッシャー、人間関係の悪さ、長時間労働などが、パワハラの引き金になることだってあります。そのリスクを最大限に下げるのが、「上にも下にも気を遣わなきゃならない」という絶望です。

ただし、気遣いは疲れるし、ときに過剰な気遣いが人間関係を悪くすることもあります。なので、「気遣い」を「目配り」にしてください。そこに心はいりません。

そして、もしパワハラらしき行為が見えたら、「あの……若い社員の間でパワハラじゃないかって噂が……」と〝上〟に警告し、「我慢しないで相談センターに相談したほうがいい」と〝下〟にアドバイスしてください。「上にも下にも気を遣わなきゃならない」という絶望は、「上からも下からも頼られる人」にあなたを変えるのです。

そして、もしあなたがパワハラにあったら、逃げてください。

前述のユウキさんは異動願いを出し、出世はなくなりました。今は地方の小さな支店の副支店長です。上司は年下です。しかし、幸いなことに彼は今の生活に100％満足はしてないけど、7割は楽しめていると話します。

「僕は逃げた。でも、逃げる勇気を最後に持てたことだけよかったと思っています。逃げたことで少しだけ強くなれたように思います」

ユウキさんはつじつま合わせに成功していました。パワハラにより命の危機にさらされる人たちは多いので、彼が今、こうやって元気にいられて本当によかったと心から思います。

もう一度繰り返します。もしあなたがパワハラにあったら、絶対に逃げてください。パワハラをするような愚かな上司のせいで、人生壊されてたまるもんか。たかが「仕事」なのですから。

国の生きる力が衰退しまくっている――という絶望

注目される「Z世代」

「近代の陣痛」と呼ばれたペストが14世紀に流行した際は中世社会が崩壊し、資本主義と自由経済の始まりになりました。一方、近年のコロナ禍で「人と会えない社会」が到来し、デジタル改革が一気に加速しました。今を生きる私たちは大きな時代の変化の渦中にいます。

そこで注目されたのが「Z世代」です。

Z世代はいとも簡単にタブレットをシュシュッと操り、SNSを活用したコミュニケーションを日常的に行い育ってきた「デジタルネイティブ」です。指一本で海を越え、多種多様な国籍の人たちと交わり、環境問題や人権問題を教育され、社会問題にも積極的に関わってきました。

そんなZ世代をメディアは過剰なまでに持ち上げ、若い人の意見を聞こう！　を合言葉に、テレビで、新聞で、雑誌で、彼らの生き方、働き方を取り上げ、会社の中でも「Z世代信仰」が一気に高まりました。実際の現場では、自由気ままに振る舞うZ世代に手を焼いているのに、それを決して口にできないほどの〝圧〟が、Z世代信仰が、できあがっていったのです。

しかし、メディアが作り上げた「自由きままな生き方」が実現できているZ世代は、ごく一部です。社会でZ世代信仰が高まる片隅で、生きづらさを抱えているZ世代が存在する。彼らは「本当は生きたい」のに、生きていく痛みが、彼らを追い詰めている。日本の自殺率が先進国で高いことは知られていますが、中でも高まっているのが「若い世代」の自殺なのです。

コロナ禍で若者の自殺者数が増加

１９９８年以降、14年連続して日本国内の自殺者数は３万人を超える状態が続いていましたが、さまざまな対策が施された結果、２０１２年に15年ぶりに３万人を下回りました。

その後、減少傾向が続いていましたが、20年に２万１０８１人と前年より９１２人増えました。特に20代の増加が著しく（19・１％増）、19歳以下の未成年においては17・9％も増加。自殺率に関しても、20代と10代は「大きく上昇」していることが確認されています（厚生労働省自殺対策推進室、警察庁生活安全局生活安全企画課「令和２年中における自殺の状況」より）。

東京大学などによるチームの試算によると、新型コロナが流行した影響により国内で増加した自殺者数は８０８８人に上り、年代別では20代が１８３７人と最多で、この年代の自殺者の約３割を占めていたこともわかりました。19歳以下も約２割（３７７人）で、このうち女性は２８２人です（対象：20年３月〜22年６月）。

若者の自殺対策は強化されているのに、一向に解決されていないどころか、Z世代の自殺がますます深刻な問題となってしまったのです。

しかも23年３月に厚労省が発表した確定値によれば、22年に、みずから命を絶った人は全国で２万１８８１人とさらに増加。中でも小中高生の自殺者数は１９８０年以降最も多い５１４人という、心が痛む事実が明らかになりました。

50代の絶望

40代の人たちには「逃げ切り世代」に見えるバブル世代の中にも、生きづらさを抱えている人たちが増えています。

厚生労働省が公開した「令和４年版自殺対策白書」で、20代と中高年で大幅に自殺者が増えていることがわかりました。20代が前年比90人（3・6％）増、40代が同7人（0・2％）増、50代が同193人（5・6％）増と、特に50代の増加が目立ちました。人数では「50代」が3618人と最も多く、次いで「40代」（3575人）。男女別では、男性は「40代」（2519人）、女性は「50代」（1126人）が最も多くなっていました。

また、月曜日に多くの中高年男性が、「縊死《いし》」という痛ましい手段で命を絶ち、その割合は若い世代と比べ10ポイント近く高く、40代で66％、50代で70％と、若い世代より10ポイント近く上回っていることもわかりました。

自宅で、6割の人たちが、家族など同居する人がいる中で自ら死を選んだ。なんともやりきれない思いがします。

「サザエさん症候群」

かつて「サザエさん症候群」という言葉がよく使われました。

日曜日が終わりに近づくと一旦遠のいた「仕事」という2文字が、まるで呪いの言葉のように心と体に重くのしかかる。脳内テレビに「また明日から」「またアイツと」「またあのお客と」「また忙殺される」というテロップが絶え間なく映し出され、生きるのがしんどくなる。本当は生きたいのに、生きる力が湧いてこない。明日（月曜日）再び、あの〝苦痛に満ちた扉〟の向こうに吸い込まれると思うと、逃げたくなる。そして、衝動的に……悲しい選択をしてしまうのです。

むろん、自殺には多様かつ複合的な原因および背景があり、さまざまな要因が連鎖しています。しかし、「月曜日に増える」という現実を鑑みれば、「仕事」が多くの人を追い込む大きな要因になっていることは明らかです。

本来、仕事とは幸せへの最良の手段であり、「私」たちは幸せになるために働いている。なのに、幸せになる最良の手段であるはずの「仕事」が、命を脅かす不幸が続いている。いったいなぜ、若い世代が、国の希望であるはずの子どもが命を絶ってしまうのか。なぜ、中高年の自殺者がいっこうに減らないのか。彼らを追い詰めている正体はなんなのか。これらの数字が意味するのは「究極の絶望」です。

国の生きる力が、この国で生きる人の生きる力が、衰退しまくっているという絶望が存在するのです。

どの世代も生きづらさを抱えている

「歌は革命を起こせない。しかし、歌は、自殺を止める力を持っている」。サザンオールスターズの桑田佳祐さんの歌詞集『ただの歌詩《かし》じゃねえか、こんなもん』に寄せた解説で、作家の村上龍さんはそう締めくくった。

これは2023年3月19日付の朝日新聞の朝刊「天声人語」の冒頭に書かれていた文章です。

生きづらさを抱えているのは40代だけじゃありません。人生のつじつまが合わなくなっているのも40代だけじゃありません。もちろん40代のみなさんの絶望は、実際に経験した人しかわからない深みと残酷さがあることでしょう。

しかし、だからこそ「絶望しかない」と、生きる力を失いそうな人の隣に、そっと、やさしくそっと、立つことができると思うのです。氷河期世代の負け続けた経験が自殺を止める力になるかもしれないのです。

ほんのちょっとだけ心に余裕があるとき、周りを見渡して欲しいのです。

「あの人、大丈夫かな？」とほんの少しだけ心の距離感を縮めて欲しいのです。

そして、「大丈夫だよ！　今のままで大丈夫！」と声をかけて欲しいのです。自分の頭で考えて、心の声に従って欲しいのです。

あなたの具体的な行動が、あなたの周りの人の心を温める太陽になります。

国の生きる力が衰退しまくっている――という絶望を変えることはできなくても、あなたがあなたの目の前の人の希望になれることはあると思うのです、そして、あなた自身も、会社や上司の期待に応える働き方をやめ、自分の心に従う働き方をする勇気を持ってください。それがあなたを照らす光になります。

だって、「俺たちはこの世界で生きていかねばならない」のですから。

第3章　いまさら「奇跡的な変化は訪れない」と自覚せよ

「サンタクロースは来ない」と自覚せよ

「根拠なき楽観」は命取りになる

強制収容所に入れられた体験を持つ、オーストリアの精神科医で心理学者のヴィクトール・フランクルの名著『夜と霧』は、本当の人間の本質が描かれている、人生を生き抜くバイブルでもあります。

私の専門分野である健康社会学を深める上では欠かせない一冊で、フランクルの言葉の真意を理解すべく何度も読み返してきました。

中でも「クリスマスの惨事」が書かれた一節は、非常に説得力がありました。

――一九四四年のクリスマスと一九四五年の新年との間にわれわれの収容所では未だかつてなかった程の大量の死亡者が出ているのである。彼（医師）の見解によれば、それは過酷な労働条件によっても、また悪化した栄養状態によっても、また悪天候や新たに現われた伝染疾患によっても説明され得るものではなく、むしろこの大量死亡の原因は単に囚人の多数がクリスマスには家に帰れるだろうという、世間で行われる素朴な希望に身を委せた事実の中に求められる（ヴィクトール・E・フランクル著、霜山徳爾訳『夜と霧――ドイツ強制収容所の体験記録』みすず書房より）

強制収容所の生活は想像を絶する世界です。

その苦しさから逃れるために、「クリスマスには戦争が終わり家に帰れる」と根拠なき楽観に多くの囚人たちはすがりました。

彼らはクリスマスが刻々と近づいてきても何ひとつ明るい情報が来ない現実に失望し、落胆し、「クリスマスは家族と過ごす」という世間のありきたりな希望に身を委ねた。しかし、サンタクロースは来なかった。夜が更けても解放の時は来なかった。家族と会えると信じた未来が来なかったという深刻な失望は、すでに極限状態にあった肉体を打ち負かし、囚人たちの生きようとする力さえも奪い去りました。

この惨事が意味するのは「根拠なき楽観の危《あや》うさ」であり、未来を失うことの恐ろしさです。

厳しい状況が変わらないとき、頑張っても報われないとき、人は自分で考え動くのをやめ、かりそめの幸せにすがりがちです。しかし、人間の「生きる力」はありのままの厳しい現実を受け入れてこそ引き出される不思議な力。それは自分を最後まで信じることであり、とことん悩み抜くこと。考える葦である人が持つ「悩む力」こそが生命力の源です。

フランクルは「囚人に対するあらゆる心理治療的あるいは精神衛生的努力が従うべき標語としては、おそらくニーチェの『何故生きるかを知っている者は、殆んどあらゆる如何に生きるか、に耐えるのだ。』という言葉が最も適切であろう」と説きます。

目の前の現実から決して目を背けず、ありのままを受け入れ、とことん悩む。人生に何かを期待するのではなく、人生が「私」に期待していることをひたすら考える。きちんと悩む力は、すべての人に内在しているのです。

困難と向き合う力を持つ

ちょっとばかり個人的な話をさせてください。

私は2008年から『日経ビジネスオンライン』(現『日経ビジネス電子版』)で連載を始めました。当時私は40代。思いっきり男性のメディアでの連載オファーに小躍りする一方で、女の私のコラムが読者に届くのか不安でした。

しかし、その不安は連載のスタートとともに一蹴されました。担当編集者の力添えもあり、瞬く間に人気コラムに。ウェブメディアですから、1時間ごとにランキングがわかります。「よっしゃ！　また1位！」と編集者と歓喜し、編集長やほかの編集者たちからも持ち上げられ、講演会の依頼も殺到しました。

毎週コラムを書くのは想像以上に大変で、毎回泣きながら書いていましたが、「今回もまた1位！」という喜びが涙を何百倍も上回り、気分は絶好調でした。

しかし、読まれれば読まれるほどストレスがたまるようになってしまったのです。「書く」ためにはとことん自分と向き合い、「私」を掘って掘って掘りまくる作業が必要です。

自分でも気づかなかった「私の価値観」を言葉という船に乗せ、読者に届けます。綴られる文書は私そのものであり、「丸裸にされた自分」が1本のコラムです。

たくさんの人に読まれたいと願っているのに、丸裸にされた自分をさらすのは恐ろしくて。コラムの人気は絶好調なのに、すり減っていく自分がいました。

新しい読者は公開されたコラム以前のコラムも読んでくれるので、度々ランキングが「河合薫祭り」になった。本来、喜ぶべき事態なのに、「お願い！　もう読まないで‼」と、悲鳴を上げる私がいました。丸裸の自分をさらけ出す恐怖が、たくさんの人に読まれる喜びを凌駕《りょうが》してしまったのです。

ウェブの連載にはコメント欄があります。読者が増えれば増えるほど批判的なコメントも増え、それに対抗するように擁護してくれる人たちがコメントを書いてくれました。とても嬉しかったし、勇気も出ました。

しかし、傷ついた心はなかなか癒されませんでした。「批判する人もファンのうち」と自分を宥《なだ》め、「無視されるより批判されたほうがいい」とポジティブに捉えようとしました。が、心は正直です。「あんたは何者でもないんだよ！」と言われているようで、どんどんと疲弊していきました。

「だったらコメントを読まない」という選択もありました。筆者の中にはコメント欄そのものをなくしている人もいましたから。でも、なんか負けたくなかったんですよね。公開直後に読むと傷つくコメントも、数日経って読むと「そっか。そういう考え方もあるのか」と学びに変わることもありましたし。なので、必ず読む、逃げない、と決めた。自分でそう決めたのです。

が、心は私が想像する以上に痛んでいました。

毎年、夏休みは「海外脱出」してリフレッシュするのが恒例だったのですが、連載を始めて3年ほど経った夏休みはまったく心が解放されませんでした。ステイ先でゴルフをして、おいしいものを食べて、買い物をしても、ちっとも楽しくない。「私……なんかの病かも」と心配になるほど元気がでなかった。もうどうしていいかわからなくなりました。

それでやっと、本当にやっと「夏休み最後の日」、す〜っと何かが降りてきた。「いいんだよ、これで」と開き直った。「同じテーマで書くにしても、年を重ね、経験を重ねれば、今とは違うコラムになる。今まで通り一生懸命、ありのままの自分をさらけだせばいい」。そう自然と思えた。

その途端、心の重石がとれ楽になりました。そして、不安が消えた。目の前のことを今まで通り必死にやろう。私の心がそう言ったのです。

もちろんその後も、「ああ、もうダメかもしれない」と悲鳴は何度も上げました。でも、その度に、「今まで通りやればいいいんだよ」と自分に言い聞かせました。絶望は繰り返されたけれど、自分に負けないしぶとさも確実に私の中で根を広げていったのです。

人が持つ強さ、困難を乗り越えるしなやかさは、日々の生活をきちんと生きることで維持できる内的な力です。気休めの慰めや根拠なき楽観は一時的な励みになるけど、目に見えない霧のようなものが感情を麻痺させるだけです。いかに厳しく、理不尽な毎日であっても、どうしようもなくダメな自分であっても、それに向き合い悩み続けると、未来につながっていきます。

そこで本章では、40歳という年齢が直面する、あるいはしている「ありのままの現実」をとことん綴っていきます。

途中で「読みたくない！」と目を背けたくなる現実があるかもしれません。しかし人は、血が飛び散るほど痛い現実を成長につなげる治癒力を持ち備えています。徹底的なペシミズムを経験しないとオプティミズムは生まれません。サンタクロースは来ないけど、みなさんの心の中にサンタクロースはいるのですから。

40歳で役職がつかないサラリーマンは4割——と自覚せよ

50代前半の3人にひとりは役職なし

管理職になれないからやる気がでないのか？
管理職にならないと賃金が上がらないからやる気がでないのか？

10年前の2013年9月、厚労省のある調査結果をきっかけに、こんな議論があちこちで巻き起こりました。「3人にひとりがマンネンヒラ」という結果に、深いため息が社会に広がったのです。

この問題を大々的に報じたＮＨＫによると、４年制大学を卒業した男性社員のうち50歳から54歳で、課長や部長といった管理職に就いていない人が55％と半数を超え、係長などの役職もない人は34％と、３人にひとりが「マンネンヒラ」だったそうです。さらに、管理職に就いていない人の割合は年々増加していて、20年前に比べると８・９ポイント増え、管理職の月給は役職のない社員のおよそ１・３倍も多くなっていました。

番組では、「人件費の抑制や組織のスリム化で管理職を減らす企業が相次いでいる」と指摘。その上で、「社員が仕事への意欲を失う恐れがあり、企業にとっては大きな課題だ」という識者のコメントを紹介しました。

いかなる企画や番組も、それを制作するディレクターのフィルターを通した作品になりますが、おそらく「えっ‼　半分以上もマンネンヒラかよ。マジかよ！　やる気でね～」という視点がこのニュースの作り手にあったのでしょう。

また、16年の厚労省の調査では、企業の規模に関係なく「課長は40代後半」「部長は50代前半」が最も多く、定年退職を控えた50代後半は、67・８％が課長以上の管理職に

男性大卒50〜54歳の役職者比率の推移

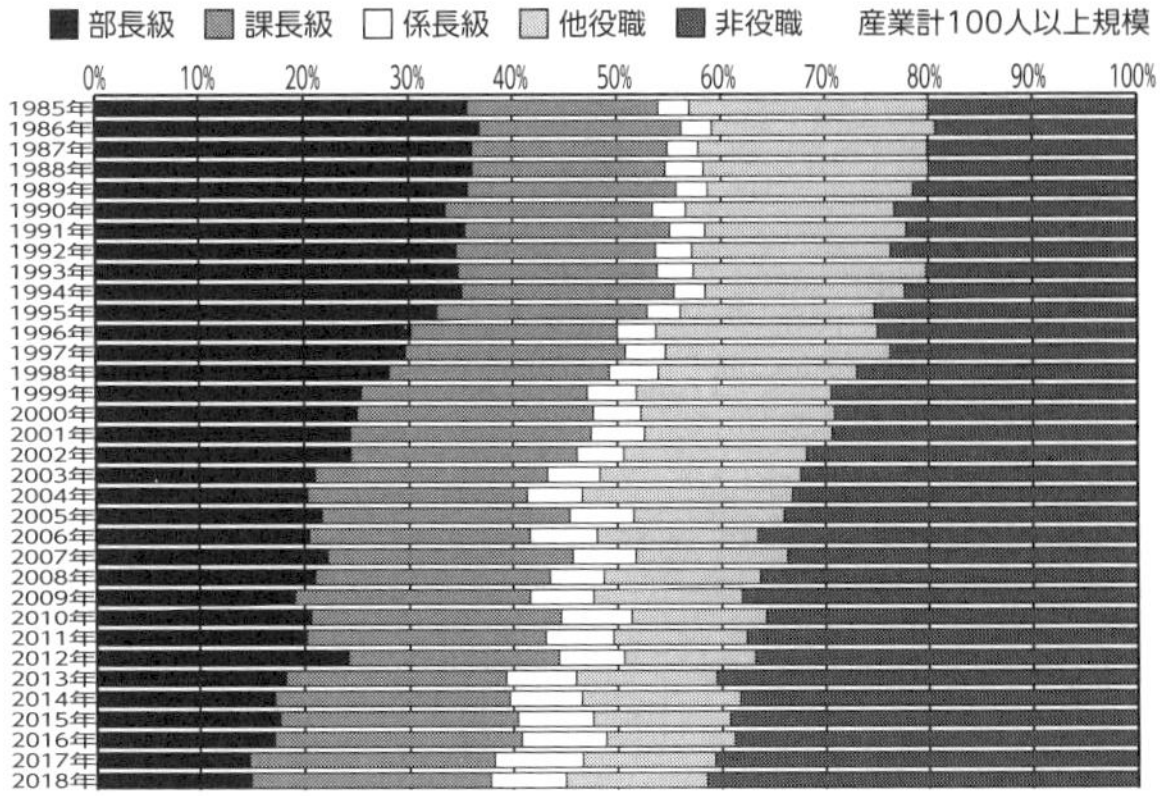

参照：日本労働組合総連合会「連合・賃金レポート2019 ―賃金30年史―」

就いていないことがわかっています。

「マンネンヒラ」が4割超え

では、最近の調査で〝マンネンヒラショック〟はどのように変化したのでしょうか。連合が30年間の推移をまとめた報告書を見てみましょう。

結果は上記の図の通りです。

50〜54歳の大卒男性の「マンネンヒラ」がジワジワ増えていました（「連合・賃金レポート２０１９―賃金30年史―」）。

男女別に見ると、男性の部長級と課長級の合計は、１９８５年では53・９％と半数を超えていましたが、95年に減少に転じて98年に50％を割り込み、２００３年では43・１％と18年間で10・８％も昇進する機会が減少。17年、18年は40％を割り込んでいます。これに伴い「マンネンヒラ」の割合も増え、18年には４割超です。

さらに、左ページの図からわかる通り、各役職とも全体として高年齢化していますが、部長級だけは95年に51歳に到達して以降、ほぼ横ばいが続いています。２０１８年の平均年齢は、部長級51・７歳、課長級48・３歳、係長級44・８歳です。つまり、40前半に係長にならなかった場合、マンネンヒラ、ほぼ確定！　です。

一方、女性が各役職に占める割合は、18年時点で部長級６・３％、課長級11・１％、係長級18・２％と決して高いとはいえないものの、急速に増えている傾向は示されています。ただし、部長級は16年に減少に転じていますし、「女性枠はもう埋まった」という声もチラホラ聞こえてきますので、女性管理職の多くは「マンネン課長、ほぼ確定！」。あとは役職定年を待つばかりです。昇進は「女だから」と差別したのに、役職定年は男女平等とはいささか合点がいきませんが、これも悲しき現実なのです。

男性役職別の平均年齢推移

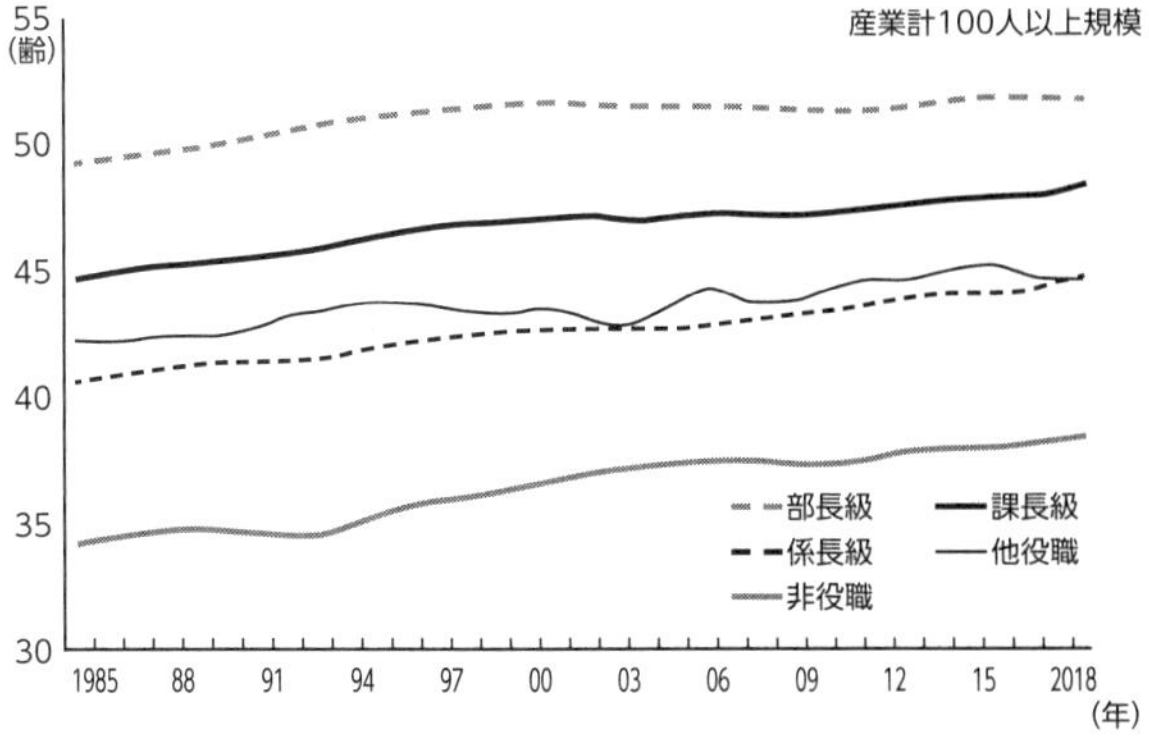

参照：日本労働組合総連合会「連合・賃金レポート2019 ―賃金30年史―」

各役職に占める女性比率の推移

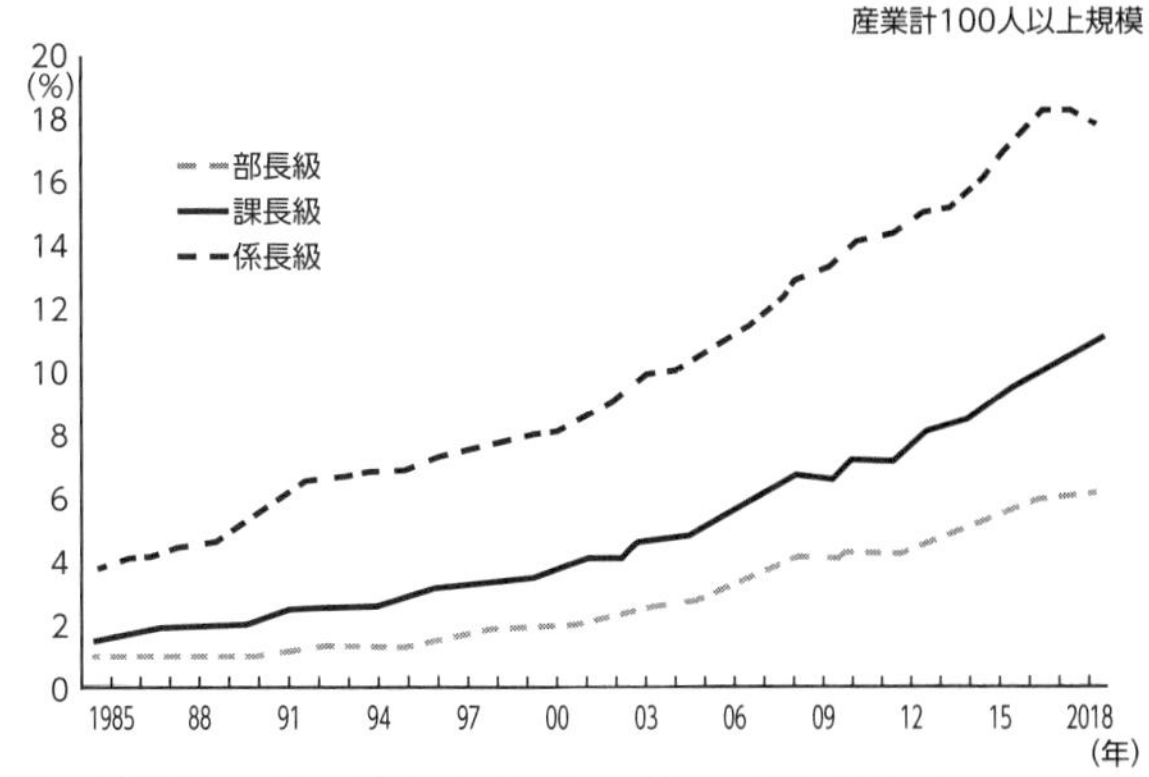

参照：日本労働組合総連合会「連合・賃金レポート2019 ―賃金30年史―」

役職による賃金格差

さて、役職のありなし＝賃金格差ですが、こちらもかなりシビアな結果が得られています。

次ページの図は、役職別の賃金の推移を企業規模ごとに調べた結果です（非役職者は実線、課長職は点線、部長職は太線）。白いタテ棒は、部長級と非役職の賃金差、黒いタテ棒は課長級と非役職の賃金差が示されています。

ご覧の通り、１０００人以上規模の大企業で賃金格差が著しく大きくなっていました。部長級と非役職の差は約40から約63へとおよそ23ポイント拡大、課長級と非役職とでは約30から約42と12ポイント広がっています。

報告書では大企業で見られる役職間賃金格差は、90年代以降の新自由主義やグローバリズムの進行が影響していると指摘。まず上場企業役員の報酬が上昇し始め、それに引きずられる形で「部長級」が上昇。「課長級」は10年遅れで上昇したものの10年以降は小休止状態が続いています。

役職別賃金ポジションと役職差の推移

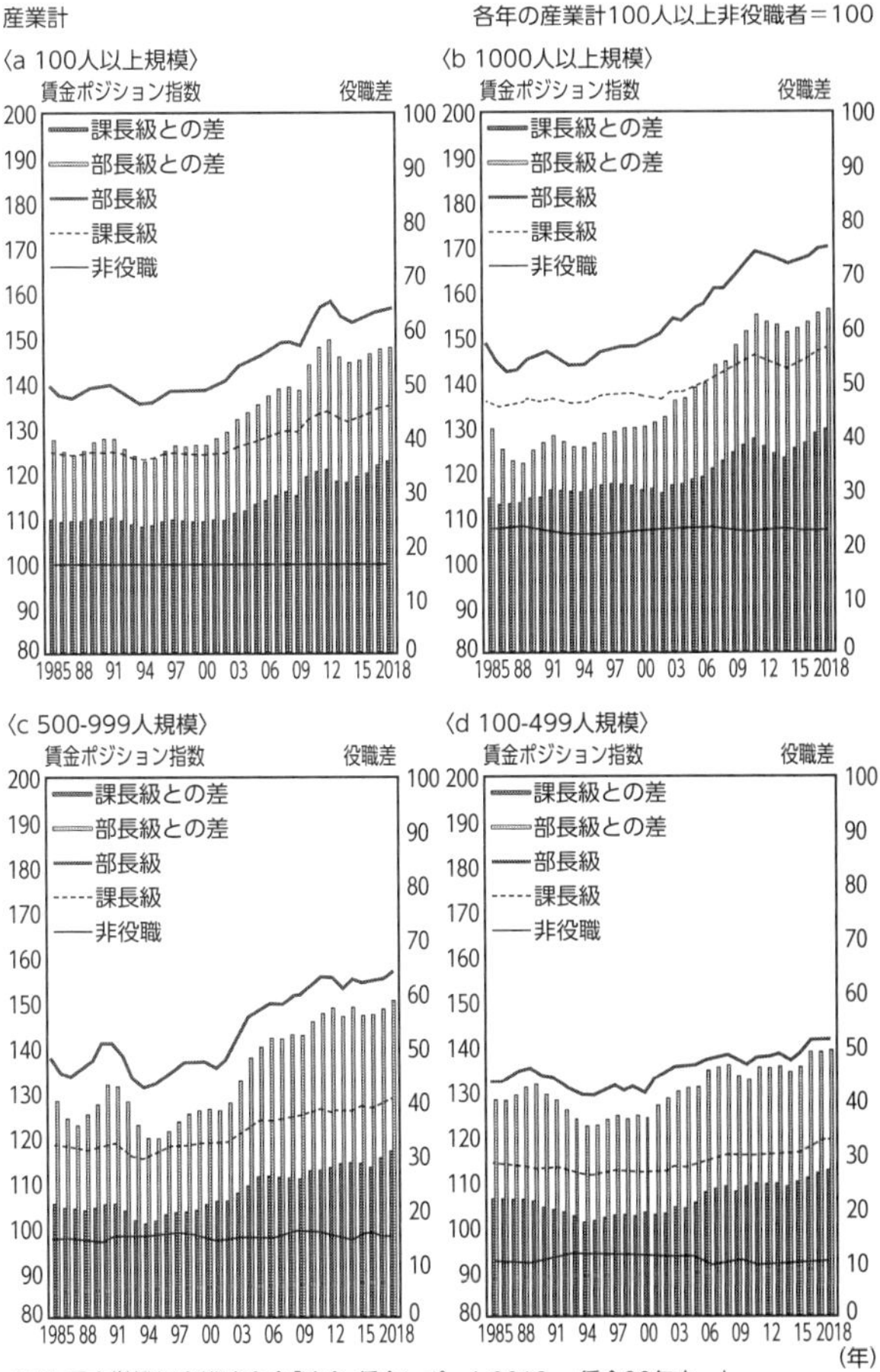

参照：日本労働組合総連合会「連合・賃金レポート2019 ―賃金30年史―」

要するに偉い人のルールは、「分配は自分たちから」。責任は下に押し付けても、手柄は自分たちが持っていくのです。

具体的な数字で見ると、非役職者の平均賃金は月27・7万円（40・7歳）、課長級は47・6万円（48・7歳）、部長級57・7万円（52・8歳）です。ヒラと部長級とでは月収30万もの格差が存在します（厚生労働省「賃金構造基本統計調査」2021年）。単純に年収に換算すると360万円！　これはかなり大きな差です。

「だって部長とヒラじゃ、仕事の質が違うし、仕方ないんじゃね？」と言われてしまうと、「まぁ、そうですよね」と返すしかないのですが、自社の部長たちの顔を思い浮かべると……少々納得いかない人も多いのではないでしょうか。

たかが管理職、されど管理職

いずれにせよ、以上のデータはすべて「現実」であり捏造は一切ありません。

みなさんが薄々気がついていたことは本当でした。40歳で役職のつかないサラリーマンは4割。「ヒラのままだと賃金据え置き」という悲しき現実も受け入れてください。

役職、性別賃金、対前年増減率
および役職・非役職間賃金格差

令和3年

	役職	部長級	課長級	係長級	非役職者
男女計	賃金（千円）	**577.9**	**476.3**	**367.8**	**277.4**
	対前年増減率（%）	-2.8	-3.2	-1.1	-0.4
	役職・非役職間賃金格差（非役職者＝100）	208.3	171.7	132.6	100.0
	年齢（歳）	52.8	48.7	45.3	40.7
	勤続年数（年）	22.4	20.5	17.9	10.4
男	賃金（千円）	**585.8**	**484.6**	**376.7**	**296.2**
	対前年増減率（%）	-2.6	-2.9	-1.3	-0.7
	役職・非役職間賃金格差（非役職者＝100）	197.8	163.6	127.2	100.0
	年齢（歳）	52.8	48.7	45.1	40.9
	勤続年数（年）	22.8	20.8	18.1	11.1
女	賃金（千円）	**497.2**	**422.1**	**334.7**	**248.9**
	対前年増減率（%）	-4.5	-4.7	-0.8	0.3
	役職・非役職間賃金格差（非役職者＝100）	199.8	169.6	134.5	100.0
	年齢（歳）	53.1	49.0	45.9	40.4
	勤続年数（年）	19.2	18.9	17.1	9.2

参照：厚生労働省「賃金構造基本統計調査」（2021年）

みなさんの中には「管理職なんて責任が増えるだけ。昇進なんかしたくない」と強がる人もいるかもしれませんが、私は昇進して喜ばなかった人にお会いしたことがありません。「管理職になりたくない！」と豪語していた人でも、課長という肩書きがついた名刺をうれしそうに出し、はにかんだ笑顔を浮かべていました。

「管理職など考えたこともない。このまま地味にやっていく」と言っていた私の知人も、「管理職試験」を受けました。彼は決して目立つタイプではありませんでしたが、とても仕事ができる人。先輩や後輩からの人望もあり、「こういう人ほどいい上司になるんだよなぁ」と思える人でした。

ところが、まさかまさかの不合格！　しかも最終面接です。驚きました。というか信じられませんでした。本人もとりあえず流れで受けた管理職試験だったとはいえ、「落とされると、それはそれでショックだわ」とかなり落ち込んでいました。

慰めるのもなにか違う気がしたので、「みかんの缶詰くらい送っておいたほうがよかったんじゃない⁉」と半分本気、半分冗談で言ったところ、「やっぱり？　そういうのって必要なのかなぁ」と本人はマジで納得していました。

まぁ、みかんの缶詰はさすがに古すぎですが、いまだにゴルフ外交やら麻雀外交に精を出している人はいますし、上司の家族の誕生日にプレゼントを贈るような人たちもいます。これを「気遣い」と呼ぶか「ゴマスリ」と揶揄するかは意見がわかれるかもしれませんが、「仕事ができる人が昇進するとは限らない」のが会社組織です。

たかが管理職、されど管理職。課長の平均年齢は48・7歳（前述）。40代前半で後輩に追い抜かれたら、「マンネンヒラ確定！」という現実を受け入れ、正しく絶望してください。くれぐれも「まだなんとかなるかも〜」と根拠なき楽観にひたらぬよう。

もちろん「瓢箪《ひょうたん》から駒《こま》人事」で昇進！　なんてこともあるかもしれませんが、むしろ「管理職になれないのって、そんなに悪いことじゃないのでは？」と頭を柔らかくして未来をみつめた方が現実的です。

役職がつくほど無能になる――ピーターの法則

例えば、「ピーターの法則」。これは組織に無能な上司が多い理由を説いた階層社会の原理で、提唱したのは米国の教育学者で社会階層学者のローレンス・J・ピーターです。

ピーター博士は、「なんで、いい大学を出て、いい仕事をし、出世した人の中に、『頭悪っ！』と突っ込みたくなる人が多いのだろうか？」という素朴な疑問を解くために、長年〝INCOMPETENCE研究＝無能研究〟に打ち込んできました。

そこでたどり着いたのが、「上司が無能なのは人間の原罪でも、社会を撹乱《かくらん》しようという悪しき意図のせいでも、たまたま起こる事故や失敗のせいでもない。元凶は〝環境（＝制度）にある〟」との答えです。

働く人は仕事で評価されると、ひとつ上、またひとつ上と、出世の階段を上ります。しかし、人間には能力の限界もあるし、出世に伴って仕事の内容が変わり、うまく適応できないこともある。例えば、商品を販売する能力の高い人が、必ずしも管理職としての能力に長《た》けているわけではない。するとそのレベルで無能と化してしまうのです。

たしかに、名プレイヤーが名マネジャーとは限りませんし、現場レベルのコミュニケーションには長けていても、〝会社の代表〟としての社交スキルに欠けている人は珍しくありません。

この残念すぎる現実の末路をピーターはこう訴えました。

「大きな組織の上層部には、立ち枯れた木々のように無能な人々が積み上げられている」と。そして、「仕事の最高の褒美がヒエラルキーを上ることである限り、〝無能化〟は避けられない」と警告しました。

600万円の黒字より、5億円の赤字が評価される

「会社は600万の黒字を出した人より、5億の赤字の人のほうが評価されるんです」

こうぼやくのは、〝立ち枯れた木々〟に煮湯を飲まされたハラさん（仮名）53歳です。

課長代理だったハラさんは、あるとき社内の瀕死の部署に配属されました。会社側はハラさんに「部署の後始末をしたら、さっさとお引き取り願いたい」と思ったのでしょう。しかし、ハラさんは「何も悪いことはしてないし、真面目に働いてきた。絶対会社に屈するものか！」と、瀕死の部署を立て直そうとあの手この手で新たなコンセプトを打ち立て、見事に1年間で部署を立て直しました。

「よし！　結果は数字で示した。これで課長に昇進するに決まってる！」、そう確信したそうです。

ところが、立ち枯れた木々の狡猾さは半端ありません。会社は瀕死だったチームを「課」から「部」に格上げしたものの、ハラさんは課長代理から次長に格下げになり、年下の上司の下で働くことを余儀なくされました。勇気を出して人事の不満を訴えたところ、関連会社に異動させられてしまったのです。

「うちの会社は、ＩＴ系に事業展開したかったので、ＩＴ系に参入し5億の赤字を出したヤツはお咎めナシ。私は６００万の黒字を出したのに……悔しくて涙も出ません」

これが会社組織です。立ち枯れた木々にはたいてい人事権があるため、無能化の被害を被るのは「私」という歴然たる事実が存在するのです。

しかし、世の中捨てたもんじゃないのもまた事実。自分の心に従う勇気を出し上司に嫌われたハラさんでしたが、関連会社で見事に結果を出し、今は役員です！　やはり、「人生の秋」は自分次第でどうにでもなる部分が案外多いのです（プロローグ参照）。

仕事ができない者を現場から外すために昇進させる⁉

ピーターの法則の変形版と呼ばれる「ディルバートの法則」を世に広めた米国の漫画

家、スコット・アダムスは、「組織の生産性に直接的に関係しているのは組織の下層部で働く人たち。企業は損失を最小限にするために、もっとも無能な従業員を管理職に昇進させる傾向がある」と皮肉りました。

アダムスは米ＩＴ企業でエンジニアとして働いた経験を持ち、スコット・アダムス・フッズという会社のＣＥＯを経験。ウィットに富んだ文章を書き、１９９５年に米経済紙『ウォール・ストリート・ジャーナル』に寄稿した記事でこの法則を紹介し、一躍人気者になりました。

ピーターの法則が膨大な実例を元に分析しているのに対し、ディルバートの法則は学術的な根拠が希薄だと批判されましたが、世間からは広い支持を集めました。

上司のずる賢さや、理不尽さ、無責任さに辟易《へきえき》している部下たちは、世界各地に点在します。ピーターの法則も、ディルバートの法則も、「人の摂理」を理論化したものであり、「人」という存在に国境はないのです。

ん？　ってことは、管理職の賃金のほうが高いこと自体がおかしくない？

近い将来、非管理職のほうが賃金が高くなる？　そんな時代が来る、なんてこともあるかもしれません。
……などと根拠なき楽観に浸らぬよう、お気をつけて。

会社はやる気を奪おうとしてる――と自覚せよ

日本の会社組織そのもの――サボタージュ・マニュアル

米国CIAの前身組織であるOSS（Office of Stratregic Service：戦略情報局）が、日本中の会社員が膝をうつ文書を公表しました。その名は「サボタージュ・マニュアル」。

第二次世界大戦中の1944年1月にOSSがレジスタンスに配布した、「敵の組織のやる気をなくさせる指南書」です。長い間極秘資料として非公開だった、心理戦争と名付けられた「敵への妨害工作の手法」が、「うちの会社あるある！」と話題を呼んだのです（以下、一部抜粋し要約）。

〈組織や生産性に対する一般的な妨害〉

○組織と会議

・何事をするにも「決められた手順」を踏んでしなければならないと主張せよ
・「演説」せよ。できるだけ、頻繁に延々と話せ
・議事録や決議の細かい言い回しをめぐって議論せよ。あらゆる決断に懸念を示せ

○管理職

・指示を誤解せよ。長ったらしい返信を送れ
・士気を下げるために、不相応な作業員を昇進させよ
・できる作業員は冷遇し、仕事に不条理な文句をつけよ
・重要な仕事は必ず会議を開け
・もっともらしい方法で、ペーパーワークを増やせ
・手続きに必要な承認者は、ひとりで十分でも3人の認可を徹底せよ

○従業員
・のろのろと働け
・できる限り自分の仕事を中断せよ
・何回も繰り返し尋ね、不要な質問で主任を困らせよ
・質問をうけたら、長ったらしい、理解し難い説明をせよ
・とぼけよ
・面倒なことに巻き込まれないように、できる限り不機嫌にふるまえ

さて、いかがでしょうか。「まるでうちの上司！」「まるでうちの会社！」「まるでうちの働かないおじさん！」と失笑した人も多いのではないでしょうか。

しかし、なぜ、「サボタージュは、悪質ないたずら以上のものであり、一貫して、敵の資材や労働力に対して弊害をもたらす行為である」とマニュアルの中で強調されているこれらのサボタージュ行為が、日本の会社組織の「あるある！」になってしまうのか。

識者の中には、「いやいや反対だよ。サボタージュ・マニュアルは戦争中の日本を参考に作られたんだよ」と指摘する人もいます。

サボタージュ・マニュアルが作られた1944年1月といえば、〝進め一億火の玉だ〟をスローガンに、日本のたくさんの兵士の命を奪う消耗戦をやっていた時期です。「日本が坂道を転がり落ちるようにダメ組織になった原因を、OSSが調べて参考にした」という説も、あながち間違ってないかもしれません。

しかし、その真偽がどうであれ、サボタージュ・マニュアルさながらのルールがいまなお日本の会社組織に存在し、サボタージュ・マニュアルに書かれているような振る舞いをする管理職がいるという現実、さらには、周りのやる気を奪っていくような困った会社員がいるというリアルを鑑みると、そうすることで「得する人たちがいる」、あるいはそうせざるをえない「人間の心理」があると考えるのが妥当でしょう。

部下に責任を押しつける上司

例えば、日本の会社では意思決定には、稟議が必要という旧態依然とした制度が存続していますが、これは「責任の分散」です。下からすれば「ちゃんとハンコもらったし」と言い訳になるし、上からすれば「同意したのは私だけじゃない」と責任逃れし、現場に責任を押し付けることもできます。

【証言9　某大手企業の部長カトウさん（仮名）48歳】

「常務の口利きで大口のクライアントと契約を結びました。ところが、3カ月間で契約を解約されてしまった。担当者は僕の部下。常務の指名でした。

クライアントはけっこうなクレーマーで、担当者（部下）もお手上げ状態でした。トラブっていることは常務にも伝えましたし、何度か『担当を替えたほうがいいのでは？』と進言もしました。でも、常務は『替えなくっていい』の一点ばり。仕方がないので、担当者に補佐をつけ、僕もこまかな指示を出して、なんとか対処していたんです。

契約解除されてから一週間ほど経った頃です。いきなり常務に呼ばれ、『今回のことは、おまえの責任だ』と。耳を疑いました。

あとから知ったのですが、その前日、常務は契約破棄を知った社長に呼び出され、『今回の案件は、常務直々の管理下で行われていた事業である。契約解除にいたった最終責任は常務にあり、すべての責任を常務が負う立場にある』と迫られたらしい。

慌てた常務は『私はカトウに担当を替えろと何度も言ったが、カトウは替えなかった。責任は担当を替えなかったカトウに取らせます』と弁明して、社長を納得させた。

たしかに、担当を替える権限は僕にあります。でも、頑としてゆずらなかったのは常務です。結局、私は始末書を提出させられ、3カ月間の減給処分となりました」


見るからに誠実そうなカトウさんは、私のインタビューに協力してくれたひとりです。インタビューで、私が「今まで会社を辞めようと思ったことはありませんか？」と質問したところ、興奮気味に、それでいて時折大きなため息をつきながら、この〝事件〟を教えてくれました。カトウさんの事件はものの見事に上司の無責任さを物語る、極めて優れたケースです（ちょっと変な評価ですが）。

上司は思いつきでものを言うものですが、思いつきはたいてい、責任転嫁です。責任を押しつけた常務さんは「俺ってズルいかも？」なんて微塵も感じていません。〝ジジイの壁〟に巣くう役員クラスのスーパー昭和おじさんたちには、内省の回路がないのです。

「担当者を決める裁量権」はカトウさんにありましたから、それを逆手にとり、常務さんはカトウさんに責任を取らせることが自分の責任と都合よく解釈しました。その間のプロセスなどまったく関係なし。「会社を辞めようかな」とカトウさんがやる気をなくそうとも関係なし。

「サボタージュ・マニュアル」に書かれていることは、「保身」に役立つ行為であり、人間のネガティブな一面をあぶり出しているのです。

そもそも人間の記憶は川のように流れていて書き換えが可能です。

ですから「言った言わない」「聞いた聞いていない」の議論は常に不毛で、権力なき者に勝ち目はありません。人間には自分の主張を裏づける意見しか見ない、聞こえないという習性もありますから(「確証バイアス」と呼びます)、「無責任な上司」は相当に手強いのです。

もの言わぬ組織のつくり方

おまけに日本の会社組織には「サボタージュ・マニュアル」に書かれていないサボタージュが結構あります。そのひとつが「精神論」です。スーパー昭和おじさんは精神論が大好物。二言目には「頑張ればなんとかなる！」と部下に無理を押しつけます。

社員が身を粉にして働き、体を壊すか精神を病むかの直前で「いい結果」を出すと「ほら、やればできるじゃん」と表彰したりするのです。組織がブラックであればあるほど「下」は本音が言えなくなり、社員のやる気を奪う残念な組織ができあがっていきます。

日本の文化にされてしまった「OMOTENASHI＝おもてなし」も、ある意味「お客さまは神様」という精神論の強要です。本来、いいサービスとは、サービスする人とサービスを受ける人とが互いに「敬意」を払うことで成立するのに、おもてなしはサービスする側の自己犠牲のうえに成り立っている側面が多分にあります。

そもそも「おもてなし」をウリにするなら、「おもてなし特別手当」をつけてもいいと思うのですが、「上」にはそんな発想は微塵もありません。

責任を取らない、現場のせいにする無責任なリーダーは世界中にいます。しかし、日本が欧米と大きく違うのは「ファクトに情をかぶせる文化」です。

欧米ではとんでもない決定をしたリーダーや、会社に損失を出したリーダーはクビになったり、地位を剥奪されたりします。これに対して日本では、とんでもないリーダーをかばう人たちがいるのです。

情は必ずしも悪いわけではありません。しかし、〝ジジイ〟の壁に巣くう輩は、自分たちが築き上げた桜閣を守るために結託する術にも長けているので、現場は永遠に上の怠慢のツケを払わせられ続けます。

つまるところ、会社はやる気を奪おうとしているのです。「保身」という2文字が大好物の〝立ち枯れた木々〟はサボタージュをやめません。このありのままの現実を受け入れてください。

しかも、しかもです。超スーパー昭和おじさんたちの集団である経済界が、40代以上の会社員のやる気を奪おうとするサボタージュに手を貸しているという現実も忘れてはなりません。

たった8・5%の「社内失業者」を切りたがる経済界

〝人材の過剰在庫〟という信じられない下品な言葉が、政府の諮問機関である産業競争力会議で使われたのを覚えていますか？

産業競争力会議は、第2次安倍政権で2013年1月に設置された、政府の成長戦略づくりを担う官民合同の会議です。その第4回目（13年3月15日）の会議で、雇用の規制緩和に関する議論が巻き起こりました。

経済同友会代表幹事だった長谷川閑史《やすちか》氏（武田薬品工業社長〈当時〉）が「人材力強化・雇用制度改革について」と題した資料を提出し、「現状では大企業が人材を抱え込み、『人材の過剰在庫』が顕在化している」と指摘。

その上で、

・雇用維持型の解雇ルールを世界標準の労働移動型のルールに転換するため、再就職支援金、最終的な金銭解決を含め、解雇の手続きを労働契約法で明確に規定する

・雇用維持を目的とした現行の雇用調整助成金を基本的に廃止し、その財源をもって、

職業訓練バウチャー、民間アウトプレースメント会社等の活用助成など、人材移動を支援する制度に切り替える

などと、人材の流動化を促すことを「重点施策」とし、労働契約法における「解雇手続きの明確化」を政府に求めました。

このとき、〝人材の過剰在庫〟の根拠とされたのが、内閣府がまとめた経済報告書「日本経済2011―2012」です。

同報告書では、企業内の余剰人員とされる「雇用保蔵者」（いわゆる社内失業者）は600万人弱と推計し、企業に勤務する人のおよそ8・5％に当たるとしました（内閣府の調査に基づく）。産業競争力会議では、この雇用保蔵者数を根拠に、大企業の「人材の過剰在庫」の解消が必要不可欠と進言した。たかが8・5％です。たった8・5％を切りたいがために、雇用特区構想を持ちかけたのです。

これは……ＩＮＣＯＭＰＥＴＥＮＣＥそのものです。〝立ち枯れた木々〟のみなさまは、自分たちの経営の問題の議論は一切しないままに「いるいる！　人材の過剰在庫！　とにかく切りたい！」と吠え、今なお吠え続けています。「不良人材さえ消えればクリス

マスは来る！」と、スーパー昭和おじさんたちは根拠なき楽観にすがりつづけています。

最近は雇用義務が70歳に延び、経営者たちは「シニア社員のモチベーションアップが課題」だの「やる気をなくしてる40代をなんとかしないと」と口を揃えますが、会社も経済界も本音は「おじさん会社員にはお引き取り願いたい」。

この悲しき現実を忘れないでください。その熱い思いは10年前からまったくぶれていません。

会社はやる気を奪おうとしてると自覚せよ！　以上です！

案外、日本人は底意地が悪い！　を自覚せよ

絶望の国ニッポン

2022年5月に経済産業省が公表した「未来人材ビジョン」というリポートが、「絶望」という言葉とともに大きな話題を呼びました。

まとめたのは「未来人材会議」。経済産業省が２０２１年12月に設置した、「今後の人材政策などを検討するため」の会議です（以下、抜粋）。

日本は、高度外国人から選ばれない国になっている
日本企業の従業員エンゲージメントは、世界全体で見て最低水準にある
日本は「現在の勤務先で働き続けたい」と考える人は少ない
しかし、「転職や起業」の意向を持つ人も少ない
日本企業の部長の年収は、タイよりも低い
人材投資の国際比較（ＧＤＰ比＝国内総生産比）で日本はビリ
社外学習・自己啓発を行っていない人の割合は圧倒的に多い
日本の人材の競争力は下がっている
海外に留学する日本人の数は減っている
海外で働きたいと思わない新入社員が増えている
日本企業の経営者は、「生え抜き」が多く、同質性が高い

役員・管理職に占める女性比率が低い

……たしかに絶望です。

しかし、絶望の極みは「結語」と題した章にありました。「〜（す）べきである」という言葉を14回も連発し、「これらは引き続き、政府として検討していくことが必要である」と、霞が関十八番ワード「検討」で〆られていたのです。

いったいこの国のお偉い人たちは、どれだけ検討が好きなんでしょうか。

そもそも「ほらみろ！　今の日本を！」的にまとめた報告書のデータやファクトはすべて、これまでも新聞などで「このままで日本は大丈夫？」的文脈で度々使われてきました。私もさんざん使ってきたので、まったく目新しさがない。経産省の独自調査でもあれば多少のスパイスは加わったのに、それもありませんでした。

しかも、報告書を取りまとめた経済産業局長が某ビジネス誌のインタビューで話した内容が残念すぎて、3秒ほど……言葉を失いました。

「（今が）名経営者になれるかどうかの分かれ目ではないでしょうか。我々はその手伝

いが出来ればと考えています。その一歩です」（ｂｙ経済産業局長）

なんという高みの見物っぷりでしょうか。要するに、あくまでも「我々」は傍観者だと言い放ったわけです。僕たちは「絶望の国ニッポン」の一員ではないと言っているのです。

１０８ページにもわたるリポートをまとめるのは大変だったかもしれません。しかし、〝上級国民〟の当事者意識のなさこそが、「お手伝いしまっせ〜」的底意地の悪さ、いや、のんきさが、ニッポンを絶望の国にしたのです。

ひとり親家庭の困窮を叩く人々

経産省の報告書が公表されてから6カ月後の11月。絶望の国ニッポンを象徴する出来事がありました。全国のひとり親家庭を支援する団体でつくる「シングルマザーサポート団体全国協議会」が公表した調査結果を共同通信が、「ひとり親、米を買えず5割超物価高で、支援団体が調査」という見出しで報じたところ、「そんなことあるわけない」と大炎上したのです。

「浅はかな記事。マスコミが不安を煽りたいだけ」「インターネット調査って。ネット使えるヤツが米買えないのか？　家計簿チェックしろ」「嘘つくな！」「米買わないで、ほかの高いもの買ってんじゃね？」「米も買えない親に子育てする権利与えるなよ」「ひとり親世帯だけ給付金とか散々もらってるくせに、何言ってんだよ」「生活保護でも米くらい買える」「シングルマザー保護し過ぎ。米は嫌いだからパン買ってるってことだろう」「くそみたいな報道だな」などなど――、ここに書くのもはばかられるような罵《ば》詈雑言《りぞうごん》がSNSにあふれ、「シングルマザーで子ども3人育ててますけど？　米買えないなんてありえない」「米買えないは、さすがにない。ひとり親ですけど」といった〝私もシングルマザーですけど何か？〟的バッシングも飛び交いました。

念のために断っておきますが、「私だって大変だったけど、米くらい買ったわよ！」という主張を否定する気は毛頭ありません。しかし、件の記事を読めばわかる通り、「そういうことがあった」だけ。それまで日常品として買っていたお米を、「どうしようかな」と買うのをためらうことがあっただけです。なのに、そういった状況を想像することなく、「黙れ！」「嘘つき！」といった声がネット上にあふれました。

これが今の日本社会です。日本人は和を重んじる、日本人は思いやりがある、と言われているのに、和も思いやりもない。圧倒的な「共感」の欠如です。「米が買えないのはアンタが悪い。それはアンタの自己責任」と切って捨てたのです。

不寛容社会の構図

苦しい人たちが苦しむ人たちを叩く構図は、数年前の生活保護叩きから表面化したように思います。「勝ち組、負け組」という二分法がさまざまな局面で使われるようになり、「私はこんなに頑張っているのに、なんで評価されない？」という〝報われない感〟が社会に蔓延しました。

「高度経済成長期のいざなぎ景気を超えた」だの、「名目ＧＤＰは過去最高」だの、景気のいい話が飛び交うのに財布の中身は一向に増えず、ちっとも豊かさを実感できない。そういった不満が「自己責任論」を蔓延させ、生活保護受給者などへの「弱者叩き」や「自分よりうまくやっている人」の足を引っ張るという、極めて利己的な方向に社会を向かわせたのです。

資本主義社会ではカネのある人ほど、さまざまなリソースの獲得が容易になり、「持てる者」は突発的な変化にも素早く対応できるので、弱者との距離は開くばかりです。本人には自覚はなくとも弱者に寄り添うことができず、すべてが他人事になりがちです。件の経産省の幹部が高みの見物的物言いを平然としてしまうのもそのためでしょう。

リソースは、専門用語ではＧＲＲｓ（Generalized Resistance Resources＝汎抵抗資源）と呼ばれ、世の中にあまねく存在するストレッサーの回避、処理に役立つもののこと。お金や体力、知力や知識、学歴、住環境、社会的地位、サポートネットワークなどはすべてリソースです。

例えば、大企業など社会的評価の高い集団の一員になることはリソースの獲得になります。大企業の社員は安定して高い収入を得ることができるため、お金や住居などのリソースも容易に獲得できます。

また、リソースは対処に役立つことに加え、人生満足感や職務満足感を高める役目を担っています。例えば、貧困に対処するにはお金（＝リソース）が必要ですが、金銭的に豊かになるだけでなく、遊ぶ機会、学ぶ機会、休む機会なども手に入るため人生満足感も高まるといった具合です。

反対に、カネがないとリソースの欠損状態に追いやられます。

その状態は本人だけではなく、その子どもも教育を受ける機会、仲間と学ぶ機会、友達と遊ぶ機会、知識を広げる機会、スポーツや余暇に関わる機会、家族の思い出をつくる機会を得られず、進学する機会、仕事に就く機会、結婚する機会など、「機会略奪（損失）のスパイラル」に入り込みます。

これが「格差社会の固定」であり、今の日本社会です。

格差が固定した社会では、下に落ちることはあっても、上にのしあがることは滅多にできません。

上の不安と下の絶望が過剰なバッシングの芽を生み、ＳＮＳという匿名のコミュニケーションツールにより露呈し、加速し、不寛容社会ができあがってしまったのです。

世界有数の「人助けをしない国」ニッポン

実は、冒頭の経産相の報告書には記載されなかった「ニッポンの絶望」があります。

「世界寄付指数」、別名「人助けランキング」は英国に本拠を置くＣＡＦ（Charities Aid Foundation）が毎年行う世界調査ですが、日本はビリグループの常連なのです。

世界寄付指数では、過去１カ月間に「見知らぬ人、もしくは助けを必要としている人を手助けしたか（人助け）」「慈善団体に寄付をしたか（寄付）」「ボランティア活動に参加したか（ボランティア）」などの質問を設けています。

２０２２年は世界１１９カ国を対象に行われました。その結果、１位は５年連続でインドネシア、アメリカは３位、中国は49位で、日本はなんとなんとの１１９カ国中１１８位です。カンボジアと最下位を争いました。21年は１１４カ国中１１４位でしたから、一歩前進？　んなわけありません。

同様の結果はGallup社が15年に実施した調査でも確認されています。「過去１カ月の間に、助けを必要としている見知らぬ人を助けましたか？」という質問に「はい」と答えた比率は、日本は25％で、調査対象国１４０カ国中１３９位でした（Global Civic Engagement調査）。

日本人は優しい、日本人は親切、日本人は思いやりがある……。日本人の人間性は、とかくポジティブに語られがちです。日本人はたしかに親切です。例えば、外国人旅行者にはとても親切で、片言の英語で道を教えたりしている人をよく見かけます。外国人が「お客様」のときには、日本人独特の気づかいで親切にします。「なんてニッポン人は親切なんだ！　ミラクル！」と旅行者たちは驚きます。

ところが、その外国人が「労働者」となった途端どうでしょうか。技能実習生への非人間的な扱いや、低賃金労働者としての雇い入れなど、隣人となった外国人には冷淡です。日本で働く外国人の知人が、「日本には目に見えない鎖国がある」と嘆いていましたが、日本人は旅人には親切でも、ともに暮らす「異物」や「見知らぬ人」には非情なのです。

よそ者と放浪者——ジンメル博士の定義

「排除されていない者は包括されている」との名言を残したのは、社会学に大きな影響を与えたドイツ出身のゲオルク・ジンメル博士です。

ジンメル博士は「構成人員の割合によってその集団の性質が変わる」と、数の重要性を指摘しました。ジンメル博士自身が「ユダヤ人である」という理由で、ベルリン大学の教授になる機会を剥奪されたのは社会学史上有名な話です。

ジンメル博士の理論のひとつに「よそ者と放浪者」という定義があります。放浪者は「今日訪れ明日去り行く」者、よそ者は「今日訪れて明日もとどまる」者。私たちは「旅行客」にはとても親切にしますが、その人が同じ土地で暮らす「よそ者」になると態度を豹変させます。

「よそ者」を、ジンメル博士は「集団そのものの要素である」と唱え、よそ者へのこのような態度は普遍的であるとしました（ゲオルク・ジンメル著、居安正訳『社会学――社会化の諸形式についての研究〈上〉〈下〉』白水社より）。

つまり、よそ者を差別したり、排除する底意地の悪さは世界共通です。

だからこそ、世界の先進国では「人権教育」を子どもの頃から徹底し、多様性という価値観をさまざまな角度から浸透させ、弱者やマイノリティを守る法を整備してきました。それは「世界から認めてもらう」ためには差別がない、社会貢献意識が熟成されていることが、最低条件だからです。

日本のスーパー昭和おじさんたちは、英語さえ話せればグローバルに活躍できると考えているようですが、言葉より「人」。競争より「共感」。人として成熟しているかどうかが問題なのです。

うつ病と自殺のない人々の暮らし

興味深い話をひとつします。

心理人類学者のエドワード・シーフェリンによれば、ニューギニア（現・パプアニューギニア）で石器時代の生活をしているカルリの人々には、うつ病になる人や自殺をする人がおらず、「絶望」を意味する言葉もないといいます（"The Sorrow of the Lonely and the Burning of the Dancers" Edward L. Schieffelin 1976より）。

またアフリカの狩猟採集民ハッザの人々もうつ病とは無縁で、幸福度や生活への満足度が高く、人間関係も良好だったと報告されています（第11回日本うつ病学会市民公開講座・脳科学研究戦略推進プログラム公開シンポジウム「うつ病の起源から未来医療へ」２０１４年７月19日、講演「脳の進化から探るうつ病の起源」より）。

うつ病のない人々の暮らしに共通しているのは、「お互いを思いやり、互いを尊重する文化」です。彼らの生活は「公平な分配」が基本で、狩りで捕らえた獲物はみんなで分け合います。自分だけが得をすることへのうしろめたさが、分け合う行為につながるのです。

人生に光をともすもの

実に残念なことでありますが、利己的でないと生き残れないと勘違いした「私」たちに「うしろめたい」という感情はありません。

うしろめたさを失った心の底には、意地の悪さがうごめいています。それが今の日本社会です。残念な現実ですが、案外、日本人は底意地が悪い！　を自覚してください。そして、あなたが底意地の悪い人間にならないためには、「正しいことは迷わずやる」。

フランクルのもうひとつの名著『それでも人生にイエスと言う』には、正しい行いをした囚人の話が記されています。

無期懲役の刑を受けたある男性が、囚人島に船で移送されるとき火災が起きました。

男性は救出作業に加わり何人もの命を救いました。その働きに免じて、恩赦に浴することになったそうです。男性は、囚人島に送られるという絶望の最中で、正しいことを迷わずやりました。それは誰もが心の奥底に秘める「誰かに必要とされたい、世の中の役に立ちたい」という願いです。

私は「日本人は案外底意地が悪い」と書きましたが、心の奥底にあるのは「善」です。たとえ、底意地の悪さばかりが横行する日本の一員でも、心の奥底にある「善」を具体的な行動にすれば、その一瞬の正しい行いで人生に光がともります。愛をケチらないでください。

40歳を超えて新しい変化はまず訪れない――と自覚せよ

突然の部下の辞表

人生ではときに思いもよらぬ〝事件〟が起こりますが、手塩にかけて育ててきた部下の突然の辞表ほど気分を落ち込ませる事件はありません。

【シーン6　米映画〝Brad's Status〟（米国で公開／2021年邦題『47歳　人生のステータス』）より】

「あなたには感謝しています。でも、この仕事をしてると気が滅入る」。47歳の〝彼〟はある日部下にこう告白されました。自分の経験のすべてを教え込み、期待していた部下が突然辞めると言い出した。まるで父親のように自分を慕ってくれていたのに、「この仕事をしてると気が滅入る、この気持ちわかりますか？」と、部下が自分に蔑むようなまなざしで言うのです。

情けないやら、悔しいやら。「俺の何がいけなかったのか？　自分はどこで間違ってしまったのか？」自分の間違いを探せば探すほど、なぜか〝脳内テレビ〟には、成功した大学の親友たちのドヤ顔が次々と映し出される。「他人と人生を比較するなんてバカバカしい」と思いながらも、自分がみじめで、哀れで、みっともなくて、情けなくて。カネ、名声、社会的地位、自由、金持ちの妻を手に入れた親友たちのドヤ顔が頭から離れない。

自分はやっぱり負け組なのか？　もっと野心的で実家が金持ちの女と結婚すればよかったのか？　もっと金儲けができる仕事に就けばよかったのか？　成功した親友たちに嫉妬すればするほど、するどい痛みで胸が張り裂けそうになる。

「人生の残り時間は少ない。もう可能性なんてない気がする。ここで終わりだ。突然、状況が変わるような出来事は……起きない。なんで世界は自分を愛してくれないいんだ!!!」

〝彼〟の心は、絶望という2文字に占領され、心にポッカリと穴があいてしまったのです。

人生でいちばん不幸な「47・2歳」

絶望の淵に立たされた男の年齢は、47歳。人生で「一番不幸」と感じる年齢とされる47・2歳（米ダートマス大学研究より）のブラッド・スローンです。
映画〝Brad's Status〟（邦題『47歳　人生のステータス』）は2017年9月に米国で

公開され、主演は『ナイト・ミュージアム』シリーズのベン・スティラー、脚本は『スクール・オブ・ロック』などを手がけたマイク・ホワイト監督、制作は社会問題に切り込む作品を数多く手がけるブラッド・ピット率いる「プランBエンターテインメント」です。

部下の「この仕事をしてると気が滅入る」発言で、完全に自信を喪失したブラッドですが、息子トロイと大学受験のためにボストンの志望校をまわる小旅行に出かけたことで、少しずつ心に変化が生じ、最後には「人生で本当に大切なもの」に気づきます。

『47歳　人生のステータス』が描くのは、まさに「40歳で何者にもなれなかったぼくら」の葛藤であり、不安であり、他人と比較することのバカバカしさです。

ミッドライフクライシスの乗り越え方

40〜50歳の人生の折り返し地点の曖昧な不安は、「ミッドライフクライシス」と呼ばれ、カナダの心理学者エリオット・ジャックが1965年に提唱した概念です。

中年期になると職場での立ち位置の変化や体力の低下に加え、恩師の訃報が届いたり、同級生が亡くなったり、内的にも外的にもネガティブな経験が増え、人生の時間的展望が微妙に変化します。「喪失感」が身近になり「可能性」という3文字が消えていくのです。

でも、本当に「40歳を超えて新しい変化は訪れない」のでしょうか？

でも、本当に「人生後半戦に、可能性はない」のでしょうか？

ダメダメ中年の典型のようなブラッドが、最後に「人生で本当に大切なもの」に気づいたのはなぜなのでしょうか？

答えはシンプルです。ブラッドは「具体的に動いた」。心にブレーキをかけずにとりあえず動きました。トロイと小旅行に出かけ、色々な人に会ったことで、ありのままの自分と向き合うことに成功し、ミッドライフクライシスから脱したのです。

他人は常に自分を映し出す鏡です。

日常の人間関係だと気づけませんが、非日常の〝鏡〟の前に立つと「あるがままの私」が映し出されます。

ブラッドはトロイの友人たちと出会い、飲み明かし、虚勢をはって嫌われ、「社会的評価という曇りガラス越しに人を見ている自分」を鏡にみました。一方で、成功した大学の親友たちに連絡をし、実際に会い、完全無敵のスーパースターに見えた友人たちの「負」の側面を知り、反面教師的に自分の信念を思い出します。

そして、映画の最後に息子のトロイがブラッドに言った言葉さえあれば、「人生思い通りにならなかったけど、結構おもしろかった」と笑うことができる（なんと言ったかはネタバレになるのでここでは書きません）。他人との比較で生まれる嫉妬心は、心にするどい痛みをもたらしますが、具体的に動けば、「何か」が変わるのです。

人生には放っておいても勝手に起こる出来事と、自分から仕掛けて起こる出来事があります。新しい変化はまず訪れない40歳だからこそ、自分からアクションを起こし、自分が仕掛けた出来事でジタバタしてください。

「親の老い」がくる

しかし一方で、40歳を過ぎると自分ではどうすることもできない、「思いもよらぬ出来事」が次々と押し寄せ、変化せざるをえない状況に遭遇するのも、また事実です。

例えば、親の変化です。「親に何かあったら……」というのは、私たち世代共通の心配事ですが、「親が老いる」という当たり前が、どのような形で「私」に影響を及ぼすかを想像するのは、とてもとても難しい。

「追い込まれるから必死にやるんでしょうに」——。

以前、私が介護問題について書いたコラムに、こんなコメントをくださった方がいました。その言葉の真意は、自分が「言い訳できない」状況に追い込まれて初めてわかります。自分のことだけ考えて生きていた時代が、妙に懐かしく、それが、実は特別なことだったと身に沁みるのです。

いつだって親の〝変化〟は突然であり、ひとつの大きな変化をきっかけに、次々と予期せぬ変化が起こり、想定があっという間に崩壊します。しかも、「老いる」プロセスは人によりまったく異なるし、日によってもオン・オフがあり、「あれ？　問題ないじゃん」と安堵する日がある一方で、目を、耳を、疑うような絶望の現場に直面するのです。

増える「息子介護」

「絶望の現場」を繰り返し目の当たりにすると、
・転んで大腿骨を折ってしまったら？
・道に迷って、帰れなくなってしまったら？
・間違って部屋から出てしまったら？
といった不安が容赦なく襲いかかり、やがて「ひとり暮らしを続けるのは無理」という確信に至り、「介護離職」という言葉が頭をよぎる。

「会社を辞めたら最後」「介護離職は、自分の首を絞めることになる」「親のためという考え方は禁物」「公共のサービスをフルに使って、辞めてはダメ！」と、どんなに他人にたしなめられても、自分でも整理し切れない正体不明の感情が押し寄せ、出口の見えない孤独な回廊に足がすくむのです。

　介護を理由に離職する人は毎年10万人程度で、約８割が女性です。一方で、働きながら介護をしている人は約３４６万人。男女別の有業率は、男性は65・３％、女性は49・

3％です。いわゆる「ビジネスケアラー（働きながら介護している人）」は、圧倒的に男性で占《し》められています。これには隠れ介護者が含まれていない可能性も高いので、実際の数字はもっと多いと考えたほうがいいかもしれません。

最近は「息子介護」という言葉も使われるようになりました。共働き世帯が増え、妻は妻で自分の親の介護がある。独身男性も増えているので、結果的に息子が親の面倒をみるしかない。

しかし、会社と介護の距離は半端なく遠いのです。社員の介護問題と真剣に向き合う企業も徐々に増えてきましたが、多くの企業では介護に冷たい。50歳以上には「できればさっさとお引き取り願いたい」が本音なので、冷たい企業が圧倒的なのです。

SOSを出そう

それでも、どんな状況になろうとも「自分の人生をしっかり生きる」と自分に言い聞かせるのをやめてはいけません。私も親の変化に翻弄され続けているひとりなので、何度も何度も「自分の人生をしっかり生きなきゃダメ」という言葉を言い続けています。

親の老いはどうやっても止められません。しかし、自分自身の振る舞いはコントロールできます。案外、日本の高齢者福祉は充実しているので、それを最大限に使い、周りの力を借りることが肝心です。

例えば、社会的支援には、医療保険を利用するものと、介護保険を利用するものがあり、さまざまな使い方ができます（併用はできませんが）。地方自治体の高齢福祉課に相談すると、ものすごく親切にしてくれますし、知人やご近所さんも介護問題には手を貸してくれたりもします。

超高齢社会のいい点は、誰もが例外なく老いた親の問題を抱えているってこと。若い人たちも祖父母の介護をしている親を見ているので、ＳＯＳを出せば快く助けてくれます。私自身、さまざまなシーンで見知らぬ若者や同年代の人たちに助けてもらいました。

それに、親は最後まで子に何かを教えようとするのですよね。老いるとは何か。人が最後まで手放したくないものは何か。誰も教えてくれない「年をとる」意味をさまざまな形で教えてくれます。

介護問題は冷たい雨が自分の頭上に落ちてこない限り、その大変さはわかりません。

なので、そのときが来たら、今ここに書いたことを読み返してください。

氷河期世代は「主観的健康」が低い

そしてもうひとつ、あなた自身に起こるであろう「予期せぬ変化」についてお話ししておきます。

「最初の出だし＝初職の不遇さが、その後のキャリア人生や健康問題にまで影響を及ぼす」という、厳しいリアルです。

個人の健康が景気や失業率といった社会状況に影響を受けることは、世界中でコンセンサスが得られていて、国内でも１９９０年代後半のバブル崩壊以降、働く人たちの主観的健康感が悪化していました。

しかしながら、キャリアのスタート時の景気動向が、その後の健康にどのように影響するかはわかっていませんでした。そこで一橋大学経済研究所の小塩隆士教授が、厚労省の「国民生活基礎調査」のデータに含まれる健康に関する項目を用いて分析したところ、氷河期世代には特有の傾向があることが分かりました。

バブルの崩壊により、1990年代後半からどの世代の「主観的健康」も悪化していたのですが、就職氷河期世代はそれ以前の世代に比べて主観的健康が低くなっていました。しかも、2010年代に入り景気が回復しても、氷河期世代は他の世代に比べて健康の改善が鈍く、低い状態が続いていたのです。

例えば、主観的健康を「最も悪い」「よくない」と評価するリスクは、男性で1・25倍、女性では1・16倍も高く、入院のリスクは、氷河期世代はそれ以外の世代に比べて、男性では1・29倍、女性では1・15倍です。つまり、氷河期世代はキャリア面だけでなく、健康面でも最初の不利な状況が中年期にまで影響するという「絶望」が認められたのです。

主観的健康とは、「あなたは健康ですか？」という質問への「私」の答えです。

例えば、糖尿病などを患っていても「私は健康です」と答えれば主観的健康は高い。一方で、なんの病気もなくても「あまり健康じゃない」と答えればその人の主観的健康は低いと評価されます。私も調査研究でよく使うのですが、主観的健康はダイレクトにその後の「健康状態」に強く影響します。主観的健康の高い人ほど寿命が長く、病気の回復が早まります。「病は気から」というように、「私」が「私の健康」をどう知覚するかは、私たちが考える以上に重要なのです。

その「主観的健康」が氷河期世代は低い。「景気が悪い→採用を抑制する」といった企業側の判断が、個人の人生の主観的健康にまで影響を及ぼすとは、実に罪深いことを企業はしてしまったのだと怒りすら覚えます。

しかし、変えようもないありのままの事実なので受け入れるしかありません。

40歳から病気のリスクが増える

「40代で胃がんになった」「50代で脳梗塞で倒れた」「50代でうつになり休職を余儀なくされた」という人たちは、私のインタビュー協力者にもいましたし、同級生の中にも乳がんや肺がん、脳梗塞を経験した人たちがいます。40歳を過ぎると、予期せぬ病に襲われるリスクは確実に高まるので、健康管理は常日頃から気をつけていただきたいです。

51歳で亡くなったジャーナリストの竹田圭吾さんは、その半年前、自らががん患者であることを告白し、「なんとか抑えながら生活の質を維持していくのが、〝がん〟なんだってことを、検診を受けているときから何となくイメージしておくといい」と、

Twitterでメッセージしました。

生活の質には、当然「仕事」も含まれます。

「職業は人生の背骨である」という名言を残したのはニーチェですが、「働く」という行為には、「潜在的影響（latent consequences）」と呼ばれる、経済的利点以外のものが存在します。

潜在的影響は、自律性、能力発揮の機会、自由裁量、他人との接触、他人を敬う気持ち、身体及び精神的活動、1日の時間配分、生活の安定などで、この潜在的影響こそが心を元気にし、人に生きる力を与えるリソースです。

人は「仕事」「家庭」「健康」という三つの幸せのボールをもっています。ついつい私たちは「仕事」のボールばかりを高く上げがちですが、「健康」のボールを落としたら幸せにはなりません。人生の折り返し地点では、仕事も、家庭も、健康も、落としそうになる変化が起こりがちです。

大切なのは三つのボールをジャグリングのように回し続けること。回し方は人それぞれです。そこに正解も優劣もありません。「あなた」のやり方で回せるように、とこととん悩み、具体的に動いてください。

アクションを起こすのは自分

『原爆の子』『裸の島』などの作品で、海外で高い評価を得た映画監督で脚本家の新藤兼人さんは、90歳を過ぎて受けたインタビューでこう話しています。

——四十か五十の時に、シナリオで老人を書いてるわけ。その時の老人というのはね、盆栽に水をやっているとか、孫の頭をなでてるとか、たいがい善人なんだよね。（中略）（では、真実の老人は？）もう取り返しがつかない絶望感だとか、もう未来が少なくなったような焦燥感だとか、あるいは、あいつにやられたけど復讐をもうできないとかね、そういう妄想にかきまわされてるわけよ、老人って。悟るなんていうようなことはできないですよ、人間というものは……（中略）。

五十や六十で迷ったりしちゃいけないんじゃない？　これから始まるときなんじゃないですか。（高任和夫著『仕事の流儀～28人の達人たちに訊く』日経ＢＰより）

まだまだ40歳。「ここで終わりだ。突然、状況が変わるような出来事は……起きない」（by　ブラッド）などと絶望してる場合じゃないのです。

フランクルは、「人生を意味あるものにするには、具体的に活動することだ。自分の活動を通じて、もっと有意義で、もっと意味に満ちた人生を送ることができる」と一貫して主張し続けました。

私なりにフランクルの主張を言いかえれば、「止まない雨はない」ってこと。どんなどしゃぶりの雨に降られようとも、どんな暴風が吹き荒れようとも、雨は必ず止みます。この地球上に24時間365日雨が降り続いてる地域はありません（はい、元日本一のお天気ねーさんです）。

明後日の方向ばかり見るのではなく、そのとき、その瞬間できることをやる。ひとりきりでがんばらずに、いろいろな人の傘を借りながら雨をしのぐ。そうやって「具体的に活動する」と、雲の切れ間から太陽の光が降り注いだときに人間的に成長します。

では、具体的に動くとは、どういうことなのか？　もう少し詳しく次の章でお話ししましょう。

第4章　それでも新しい希望の光は見つかる

会社のためではなく人生のために働く

この世に生まれた意味

人はなんのために生まれてきたのだろう?

おそらくこんなことを普段から考える人は滅多にいないと思います。

しかし、何か悩みがあったり、一所懸命頑張って努力しているのにちっとも報われなかったり、大切な人やものを失い悲しみに暮れたとき、ふと頭をよぎる。「私はなんのために生まれてきたのだろう?」と。

私はこれまで900名以上のビジネスパーソンにインタビューをしてきました(繰り返しになりますが)。フィールド・ワークの一貫として大学院に在学している頃から行っているので、かれこれ20年以上になります。年齢は20代前半から95歳まで。企業も職業も役職も多種多様です。

とくに40代、50代の方たちには、数多くご協力いただきました。もちろん今も続けています。研究や執筆、講演会などに「現場の目線」を生かすのが目的です。

インタビューと並行して講演会や取材で企業に出向いたときや仕事で出会った人たちからも、さまざまな経験を聞いてきました。私があまりにも直球の質問をするので、最初はみな面食らいますが、少しずつ本音を話してくれるのです。どんなに無口な（無口っぽい）人でも生きた言葉を紡ぐのです。

そして、止まらなくなる。中には後からメールで、「先日言い忘れたのですが～」「もし、私の話で参考になれば～」などと経験談を送ってくれる人もいました。

そうやって色々な人たちとフェイスｔｏフェイスで向き合っていると、「誰もが自分の話を聞いてもらいたいんだなぁ」「この世の中に自分の考えや意見のない人なんていないんだなぁ」と痛感するとともに、人間のしなやかさに感動します。

大切な人を失った心の痛みを癒し、思い出に変えた人たちがいました。会社が倒産し途方にくれる日々を送りつつも、再就職を決意して歩き出した人たちがいました。会社を辞めた直後にコロナが起こり、あたふたしながらも歯を食いしばって立ち上がった人たちがいました。

彼らはみなポジティブな感情だけでなく、ネガティブな感情も受け入れ、決して目を背けず、きちんと悩み、考え、具体的に動いていました。ネガティブな感情に苦しみながらも、現実から目を背けず、できることから一つひとつ対処すると、自分にとって何が本当に大切なのかが見えてきます。

他者にみっともない自分を見せることを恐れず、「あなたの傘を貸してください！」と助けを乞い、「これ使いなよ」と傘を差し出す人に甘え、「私」のため、傘を貸してくれた「人」のため精一杯ジタバタ生きる。

真の自立とは依存先を増やすこと。ひとりきりで頑張らなくていいのです。そうやって生きている人はみないい顔をするのです。まるで「生きてりゃしんどいこともあるよ。それが人生だよね」と言っているように。

人はなんのために生まれてきたのか？

私は「幸せになるためだ」と断言します。

常に幸せでいる必要などないし、なれるものでもない。しかし、「誰か」がいれば、「私」の存在に気づいてくれる誰かがいると、柔らかな感情の波が心に押し寄せる。そして、気づく。幸せは探し求めるものではない、目の前にあるのだ、と。

人間の本性は「愛」

ヒトは、いかにして人間として生き残ったのか？

この壮大な問いに、「人間はほかの類人猿と違って、対面というコミュニケーションによってこの社会を作ってきた」と、実にシンプルに答えてくれたのは、総合地球環境学研究所所長の山極壽一《やまぎわじゅいち》さんです（日経ビジネスオンライン〈現日経ビジネス電子版〉対談『昭和おじさん社会はサルにも劣るのか？』より）。

私は常々対面のコミュニケーションの重要性を訴え続けてきましたが、ゴリラ研究の大家でもある山極さんに教えてもらった「対面の価値」は実に興味深く、目から鱗が5枚ほど落ちました。

例えば、ニホンザルは対面しないそうです。対面して相手の顔をじっと見つめるのは強いサルの特権なので、弱いサルは見つめられたら視線を避けないといけない。サルの世界では対面＝眼付け、すなわち、顔を見つめるのは「相手への威嚇」なので、対面する相手から「自分への挑戦」だと見なされる。これがサルの世界です。不良が相手を威嚇するのを「眼《ガン》をつける」と言いますが、サルの真似だったわけです。

一方で「対面のコミュニケーションで社会を作ってきたヒト」は、対面して互いに見つめ合う中で、〝共感＝empathy〟という感情を育んできました。「共感」はもともと体の同調で相手と同じ動きをすることを意味し、サルも共感はしますが、人間には「認知＝理解、判断、論理などの知的機能」がそこに加わったそうです。

「相手がやろうとしていることを理解し、自分が協力したら悪い状況がよくなることが見込めたら、『助けよう』という気持ちが生まれる。これを同情＝Sympathyと言うんですね。その上に人間は、相手が向かおうとしている方向性や課題を、一緒に見よう、一緒に解決に向けて努力をしようという心を持っています。これがCompassionで、愛につながるのです」（by山極先生）

Compassionは日本語に訳すのが、非常に難しい言葉のひとつです。一般的には「同情（心）、哀れみ、思いやり」と翻訳されますが、英英辞典には、〝a strong feeling of sympathy for someone who is suffering, and a desire to help them〟とあります。直訳すると「他者の苦しみや不幸に対して同じように心を痛め、力になりたいという気持ち」。その先にあるのが「愛」と、山極先生は教えてくれたのです。

人間の本性が「愛」と考えれば、うつ病のない人々の暮らしに共通する、「お互いを思いやり、互いを尊重する文化」（第3章参照）が、「うしろめたさ」につながるのも納得です。

しかし一方で、今を生きる私たちも「どうかお元気で！」と他者を気遣ったり、「素敵な一年になりますように！」と誕生日を祝ったり、「お仕事頑張って！」と励ましたり、他者の幸せを祈ります。

チンパンジーやゴリラも他者の苦しみに心を痛めることはあるかもしれません。しかし、他者の幸せを祈るのは人間だけ。「人は幸せになるために生まれてきた」からこそ、他者の幸せを思いやる。ハクシュする、ハグする、ハイタッチをする……、他者の幸せに〝ハハハ返し〟をするのは人間だけ。

人の奥底の深淵にあるのは「愛」。それが人間を人間たらしめているのです。

人間ならではの「教育＝愛」

もうひとつ山極先生が教えてくれた、人間ならではの愛。それは「教育」です。

例えば、ライオンなどの肉食動物も子に狩りの技術を教えますが、教育的行動は「母親から自分の子ども」に限られています。

しかし、人間は、血縁関係のまったくない赤の他人が、子どもたちにいろいろなことを教えます。上司が部下に先輩が後輩に、それで自分が損することになろうとも、自らの意思で教えることは日常的にあります。会社に命じられたわけでもないのに、つい、本当につい、教えてしまうのです。

「教えたい」「学びたい」という人間ならではの願望が教育の原点であり、人間の本性＝愛です。

人間は誰かと対面し、他者とつながり、遊び、学び、心が通い合うように生まれついている。それを実現するのが、相手の顔＝目の動きが見え、「ねえちょっとちょっと」と声を掛けられる「半径3メートル世界」です。

逆に、対面＝互いの目を見るコミュニケーションの欠如は、不安をいとまなく拡大させます。「自分はなんのために生まれてきたのだろう？」「自分の人生にどんな意味があるのだろう」と深く絶望する。

人に宿る「幸せへの力」を動かすのは、カネでも、社会的地位でも、高級車でも億ションでもない。「半径3メートル世界の対面のコミュニケーション」なのです。

すべての人に宿る幸せへの力――SOC理論

「半径3メートル世界」とは、イスラエル系アメリカ人の健康社会学者アーロン・アントノフスキーが定義した「生活世界＝one's internal and external environments」を、私なりの言葉にしたものです。

アントノフスキーは生涯をかけて、人間が秘める不思議なパワーの源に迫り、たどり着いたのがSOC理論（Sense of Coherence＝首尾一貫感覚）です。SOCは人生にあまねく存在するストレスを対処する力で、それは生活世界との相互作用で育まれます。

SOCは「世界は最終的に微笑んでくれる確信」であり、すべての人に宿る「生きる力

＝幸せへの力」です。

少々ややこしい話ですが、「私」は「自己」を取り巻く外的な環境の影響を受けながら存在します（左図参照）。家庭環境、職場環境など、さまざまに存在する有形無形の環境要因が複雑に絡み合って「私」は作られている。社会的動物である人間には、例外なく「生活世界＝半径3メートル世界」があり、「俺は一匹狼だぜ」と豪語する人でも、この世に生活世界のない人はいません。

ここでの「自己」とは、「自分がある」「自分がない」という表現で使われる「自分」とほぼ同義です。「強い自己＝自分がある人」は自分を取り囲む環境と共存し、半径3メートル世界の他者に頼ったり頼られたりしながら「私」を確立します。

半径3メートル世界の他者との質のいい関係はSOCを強化し、「世界は最終的に微笑んでくれる確信」につながります。

一方、「弱い自己＝自分がない人」は常に「どういう私なら評価されるんだろう？」「どうすることが正解なんだろう？」と自分の外に正解を求め、他者評価に依存します。運よく虎に出会うと虎の威を借る狐に成り下がったりもします。

「私」の概念図

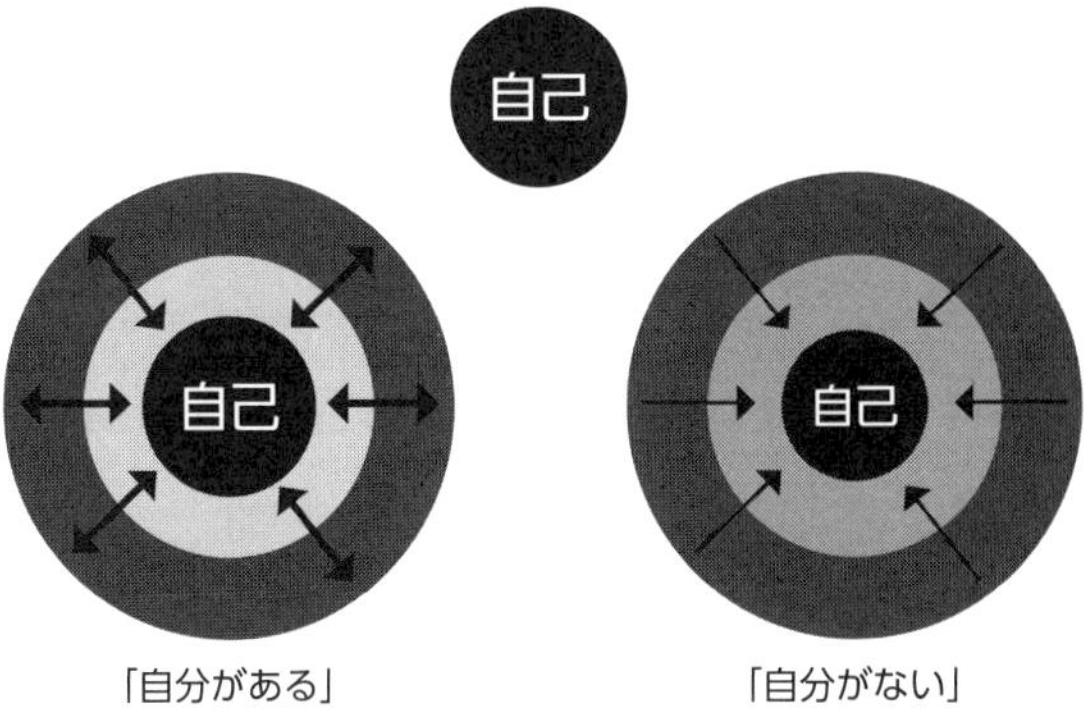

図：著者作成

同調圧力という言葉が、コロナ禍では頻繁に使われましたが、周りと合わせることを美徳とする日本社会では「自分がない」状態に陥りがちです。「みんながしてるからマスクをする」といった具合に。同様に、会社組織では「強い自己」は嫌われがち。「なんか違う」と思っても、上司に従うのが日本の会社員です。

フランスに本社がある某企業に勤める知人がおもしろいことを教えてくれました。フランス人が日本に出張したり転勤したりするとき用のマニュアルがあり、そこには次のような一節がある、と。

「スーツは紺かグレー。ネクタイはストラ

イプ。それ以外は、日本人には受け入れられない」――。

あまりに的を射た内容に笑ってしまいますが、いったい誰の指示でニッポンの会社員はドレスコードを守っているのでしょう。

毎年行われる合同企業説明会に黒スーツ軍団が押し寄せる光景も、まるで「国葬」です。企業側がどんなに「リクルートスーツじゃなくていい」とアナウンスしても、脱喪服の学生は一向に増えません。

「強い自己」をどう作るか

ここでみなさんに考えてほしいのです。

私にとって〝何者〟は、どう必要なんだろう？　と。

「どうって、どうよ?!」こう口を尖らせている人もいるかもしれませんが、だからこそ「私にとって〝何者〟がどう必要なのか?!」を考えてみてください。まずは「私」が考える。そこから始めてほしいのです。

では、「自己」とはなんなのでしょうか。

それは「私の核」となる部分です。「軸」と言い換えたほうがピンとくるかもしれません。「あの人は軸がある」「自分の軸を持て」の軸です。

とはいえ、「じゃあ、自分の軸とは何か？」と聞かれても、「はて？　なんでしょうね」という話になります。なんとなくわかりそうでわからない。わからないけど知りたい。「自分探しの旅」なんてものはまさに「私とはいったい何者なのか？」という疑問の答えを探しているわけです。

つまり、「自己」とは「私の奥底」に存在している、自分ではコントロールできないつかみどころのないもので、自分の可能性です。ほかと比べようのない唯一無二で、「私は私でいたい」という願望の源に存在します。10人いれば10通りの自己があります。似たような考え方、似たような人生、似たような経験をした他者はいるかもしれません。が、顔や骨格が違うように、「自己」も違って当たり前です。

ですから、どんなに自己啓発本を読み漁っても、そこに書いてあるような「私」にはなれない。自己啓発本の基本は「やればできる」「私は変われる」ですが、もともとの「自己」が違うのですから、やればできるとも限らないし、変われるとも限りません。

いつだってサクセスストーリーは後づけです。

成功者（何をもってこう呼ぶのかもわかりませんが）が、過去を振り返って「あのときのあれが〜」「あのときこうしたから〜」とつじつま合わせをし、「私はこうやって変わりました！　あなただってこうやればできるわよ！」と言っているだけです。

むろんたまたま「やればできた！」「私は変われた！」という人がいるからサクセスストーリーに需要があるのでしょうが、「で？」と問いただしてほしいのです。それを考えずに、誰かの後追いをするのは、自分の頭で考えることをやめてるだけ。自分の可能性をつぶしているようなもの。誰かががんばった経験、乗り越えた経験は、「私」の励みにこそなれ、「私」には私のやり方がある。生き方、働き方の正解を求めても苦しくなるだけです。

しかし他方で、私たちは社会的動物であるがゆえに、他者のまなざしから逃れるのは無理だし、他者と折り合いをつけていかなくてはなりません。

そのときに、お金や社会的地位、権力や出世といった世間の評価に心が奪われてしまうと「自分」が消えます。そうならないためには、「私が私であるため」には、強い自己を作るほかありません。

では、どうやって「強い自己」を作ればいいのか。

自分の思い通りに振る舞う＝強い自己ではありません。これではただのわがままな困った人です。

なのでこう考えたらどうでしょうか？

自己とは、たまねぎの「芯」のようなものだと。

実際にたまねぎの皮をむいてみると、最初のうちはスルッとむけるのですが、芯に近づくにつれ、結構、力がいります。バラバラに割れてしまうのです。時折、うまいこと一気にむけるとものすごく達成感を感じます。まさに「一皮むけた」感じです。

そして、芯に近づけば近づくほどたまねぎの白さとみずみずしさが増し、最後に残るのは小さくて、真っ白で、柔らかい米粒ほどのちっちゃなたまねぎ。これが「芯＝自己」です。たまねぎとは思えないほど美しく、輝いています。この輝きが「私」の光であり、無限の可能性です。

そこで本章では、たまねぎをむき、強い自己を手に入れる知恵を七箇条にまとめました。

第一条　組織人をやめ、仕事人になれ！
第二条　上司に嫌われる勇気を持て！
第三条　自分の心に従う決断をせよ！
第四条　自分を諦めるな！
第五条　負けた人がいちばん強い、と心得よ！
第六条　ぼんやりと生きろ！
第七条　裏切られてもいいと開き直れ！

たまねぎを1枚1枚むいていくことは、愛をケチらない「成熟した大人」になるプロセスです。

人間の本性は「愛」です。むろん白く輝く「私の自己＝たまねぎの芯」が世間大衆に評価されるかどうかはわかりません。でも、人間の本性が「愛」である限り、「あなたがいてくれてよかった」と、「私の存在」を愛してくれる他者は必ずいます。

世の中案外捨てたもんじゃないのです。

さて、と。七箇条を具体的にお話ししていきましょうか。

第一条　組織人をやめ、仕事人になれ！

おばさん会社員がしぶといわけ

多種多様な職種、老若男女の人たちにインタビューをして、気がついたことがあります。それは「おばさんはしぶとい！」ということです。

彼女たちは「第二の人生（という言葉をおばさんはよく使います）」を輝かせるために、決して努力を惜しみません。「会社」の期待を満たす人生ではなく、自分の人生を生きていました。ぶっちゃけ「会社が～」とかどうでもいいのです。

ある人は「キャリアカウンセラーの資格を取ったんです」とはにかみ、ある人は「ロシア語の勉強を始めたんです」と楽しげに話し、ある人は「大学院に行きたいと思ってるんですけど、やっぱり大変ですか？」と私の経験を知りたがりました。同年代の「おじさん」たちが、「役職定年が〜」「雇用延長が〜」と会社という組織の中での立ち位置や立場にこだわるのと対照的です。

東京オリンピック・パラリンピック大会組織委員会のトップ、森喜朗《よしろう》会長（当時）の〝女性は会議が長い〟発言では「わきまえない女」という言葉が話題になりましたが、会社組織ではとかく「わきまえる」振る舞いが求められます。

上司部下、先輩後輩、親分子分といったタテの序列が重んじられ、「自分より目上の人を尊重する＝自分の意見を言わない」が美徳で、時々おっちょこちょいが〝上〟に異を唱えようものなら、そりゃもう大騒ぎです。場の空気は一瞬で凍りつき、いや〜な緊張感で埋め尽くされます。

すると、ゴマスリ・ヨイショを得意技とする部長クラスの〝スーパー昭和おじさん〟が「キミは組織がわかってないんだよなぁ」とか、「組織の論理ってものをもう少し考えないと」などともっともらしく言い放って、〝上〟のご機嫌取りに走ります。

「んじゃ、組織ってなんなのか？」ってことになるわけですが、それが〝ジジイの壁〟です。会社組織の上階に昇り詰めた、あるいはそこに必死にぶら下がる〝スーパー昭和おじさん〟の、自分たちが築きあげた楼閣＝組織を壊されたくない、壊されてたまるものか！　という保身に満ちた感情が「組織の論理がわかってない」という言葉の真意です。

〝おばさん会社員〟は組織の外の存在としてずっと扱われてきましたから、「組織の論理など私には関係ございません」的価値観が骨の髄まで染み込んでいます。なにせ、25歳を過ぎた途端〝クリスマスケーキ〟と呼ばれ、後輩が寿退社しようものなら、「先を越されちゃったね〜」と耳元で囁かれ、「それが何か？」と言いたい気持ちをグッと抑えてきた世代です。言うだけ無駄とばかりに昭和おじさんたちの戯言を手のひらで転がしてきました。

彼女たちは「女性」という自分ではどうしようもない属性で、はなから強制的に「負け」させられてきました。その負けた経験が、女性たちの受容する力と生き延びるたくましさにつながりました。女性たちの「会社の期待に応えても意味がない」という深い諦めが、好奇心や向上心をもたらしました。

おばさん会社員は「会社員」でありながら、「仕事人」として生きる選択をしたのです。

男女の働き方・生き方の違い

21世紀職業財団が50代と60代の男女を対象とした調査をまとめた「女性正社員50代・60代におけるキャリアと働き方に関する調査——男女比較の観点から——」には、女性と男性の働き方・生き方の違いが如実に示された分析結果があります。

左図の通り、男性では「確実に仕事をこなし、信頼を高めること」「仕事の面白さ」「自分を成長させること」が20代をピークに年をとるにつれ低下していくのに対し、女性は「確実に仕事をこなし、信頼性を高めること」は40代でV字回復し、50代は40・2%と男性の20代と同レベルに。「仕事の面白さ」は50代で微かにV字回復し、「自分を成長させること」は30代以上はほぼ維持されていました。「おばさんはしぶとい！」のです。

かたや男性は、想像以上に早い段階＝20代で終わっている。

あまりにピークが早過ぎます。その後の会社員人生、いったい何をやっているのでし

50代・60代 総合職男女に聞いた仕事において重視してきたこと
（「仕事の確実性」「面白さ」「成長」「挑戦」）

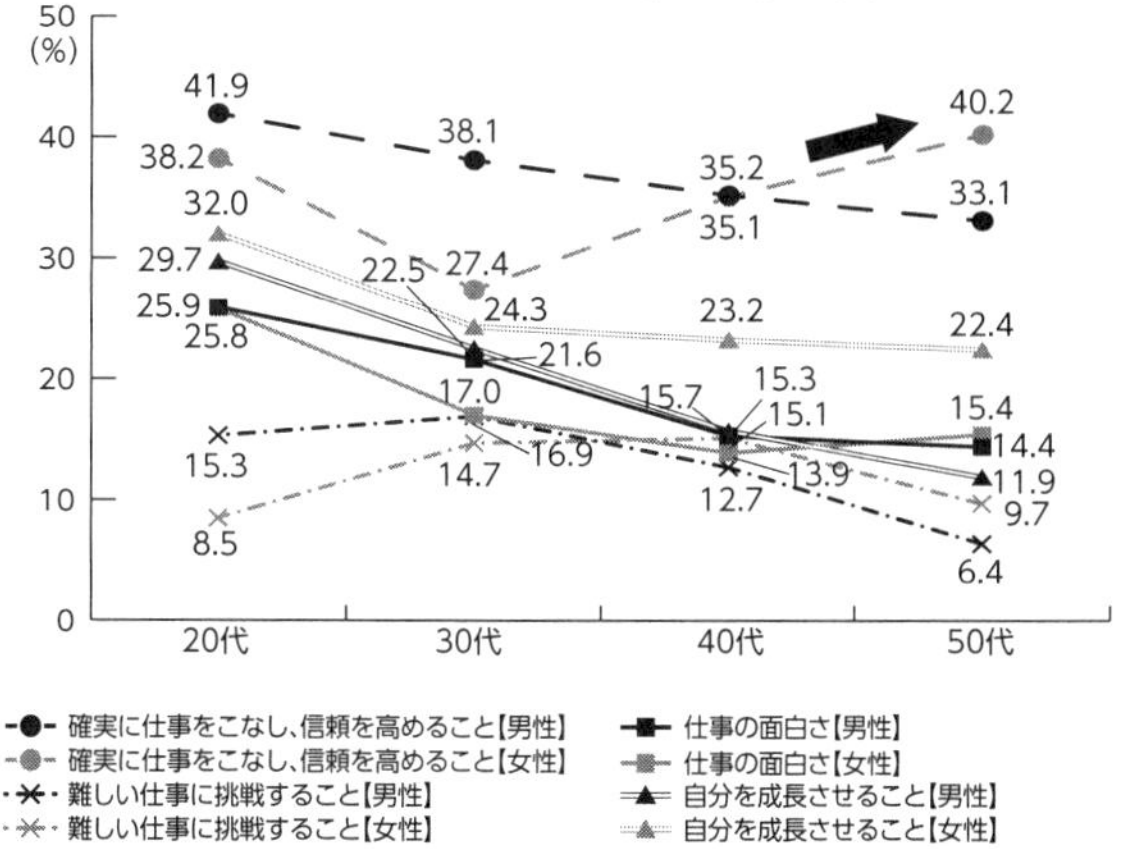

参照：21世紀職業財団
「女性正社員50代・60代におけるキャリアと働き方に関する調査
―― 男女比較の観点から ―― 」

仕事を辞めなかった理由

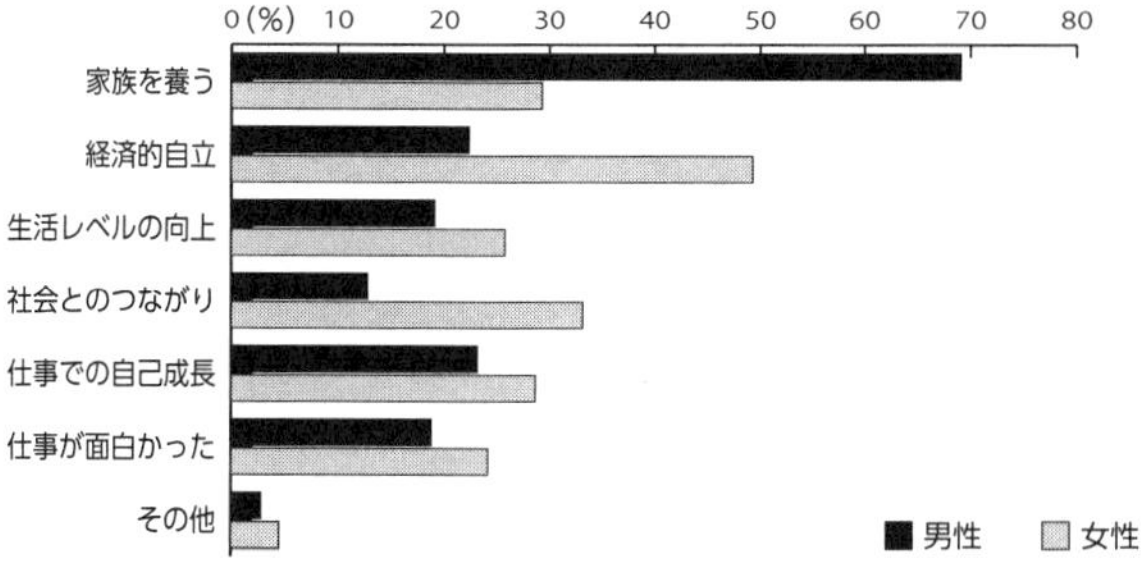

参照：21世紀職業財団
「女性正社員50代・60代におけるキャリアと働き方に関する調査
―― 男女比較の観点から ―― 」

ょう。少々情けなくなります。

件の調査では、これまで「会社を辞めなかった理由」のトップに、男性は「家族を養わなければならなかったから」を挙げたのに対し、女性は「経済的に自立したかったから」を挙げているので、「男性＝一家の大黒柱」という明治の価値観が残り続けていることが男性のプレッシャーになっているのは気の毒だとは思います。

しかし、もう40代。自分の好きなように生きればいい。「会社が〜」とか「世間が〜」とか、外に正解を求めたところで幸せにはなれません。

「仕事人」として生きる楽しさ

むろん男性でも病気や左遷などの負けた経験をきっかけに、椅子取りゲームから自ら撤退し「仕事人」に舵を切る人もいます。

自動車メーカーを定年退職し、現在は個人事業主として技術コンサルタントをしているクロイワさん（仮名）もそのひとりです。

【証言10　元自動車メーカー勤務　クロイワさん（仮名）60代後半】

「――私は50歳のときに左遷されました。特許取って、ヒット商品出して、傾きかけた会社を救ったのは俺だ！　って自負がありましたから、半年間くらいは腐ってました。で、気づいたんです。ああ、プロジェクトは成功させたけど、技術移転をしなかった僕には居場所がないんだってね。私は一匹狼を気取っていたんです。

結局、最後は品質管理に行かされたんだけど、不思議と会社員生活でこのときが一番楽しかった。自分が培ってきたノウハウを後輩に教えて、サポートしてね。負け惜しみではなく、こういう経験を最後にさせてくれた会社に感謝しています」

負けたクロイワさんは、「会社の中の自分」ではなく、半径3メートルの人間関係を充実させました。人間ならではの「教育＝愛」で、ただの人として繋がりました。「おばさん会社員」がそうであるように、会社員でいながらも技術屋＝仕事人として生きる選択をしたのです。

「自分の仕事をきちんとする」という行為は、会社や上司の期待に応えることではありません。当然、自分勝手に好き放題やることでもない。会社員としての自分に誇りを持ち、自分の仕事に誇りを持ち、「人間の本性＝愛」をケチらない。それが私の言う「仕事人」です。

仕事人として生きるために必要なふたつのこと

そこで、以下の具体的な質問を自分に投げかけてください。

・わが社が大切にすべき有形無形の〝道具〟は何か？　を考える。
どんな仕事にも大切にすべき有形無形の〝道具〟があります。
例えば、航空会社は「飛行機」、新聞社は「活字」、私の場合は「自分の言葉」です。
あなたの道具は何か？　自問し続けてください。

・「私のミッション」は何か？　を考える。
ここでのミッションとは「自分は何者で、なぜ、ここにいるのか？」といった自己のアイデンティティ。危機を乗り越えるための〝正義〟であり、個人が働く上で欠かせない〝信念〟です。

例えば、「お客さんを笑顔にする」「安全な道具を作る」でもいいし、「会社のムードメーカーになる」「会社の古い体質をぶっ壊す」でもいい。年齢や役職に伴ってミッションが変わるのも、ありです。あなたが「私」でいるために、やるべきことを自問してください。

このふたつの問いの答えが見つかったら、あなたはれっきとした「仕事人」です。あとはたまねぎをむくように、涙を流しながら仕事を楽しんでください。

第二条　上司に嫌われる勇気を持て！

上司の期待に応えようとする生き方は危うい

大切にすべき道具とミッションは、真剣に探し出そうと考える人ほど案外見つからないものです。

実は、見つけるにはコツがあります。

大切にすべき道具は、会社の創業からの歩みを振り返り、創業者たちが何を考え会社を設立したのか？　という原点に戻ればいいだけです。シニア社員に聞くもよし、社内の資料を調べるもよし、「なんでうちの会社、ここにあるんだ？　なんで？」と、子どものような好奇心をもって調べてみてください。

ミッションを見つける近道は、「上司に嫌われる勇気」を持つことです。

会社員でいると、自分でも気がつかないうちに上司の期待に応える生き方をしてしまいがち。しかし、上司は思いつきでものを言う人たちですから、昨日言ってたことが今日180度変わることもあるし、その上司だって、上司の上司（ややこしい！）の期待に応えようとしているだけなので、コケたときに責任をとらされるのはあなたです。

仮に「よくやったな！」と褒められても、散々持ち上げ、走らせ、ある日突然ハシゴを外す、それが、会社であり、上司です。

ですから「これやっても上司に評価されない。昇進も昇給もしない。でも、誰かが喜んでくれそう」なことを、たまたま、とことんやってみる。すると「自分がなぜ、ここにいるのか？」の答えが見つかります。

たまたま部下を助けたら……

「たまたま、とことんやる」とはおかしな表現ですが、言葉通り「誰かが喜んでくれそうなことを、たまたま、とことんやれ！」です。自称〝古参〟さんのように。

【証言11　大手金融企業勤務のオオタさん（仮名）50代】

「――自分で言うのもなんですけど、課長に昇進するまでは、同期の中でも出世が早かったんです。出世志向が強かったわけではありません。でも、昇進は会社がくれる褒美ですよね。役職が上がれば自分のやりたいことができる。なので〝上〟ばかりを目指していました。

ところが10年経って、ふと気がつくと、僕はラインの課長で最年長の古参になっていました。全社の課長が集まる課長会議が月1回あるんですが、その会議の居心地の悪さといったら半端じゃない。40代の課長レベルの私に対する態度には、ショックすら受けました。私が意見すると、彼らは露骨に『時代が違う』みたいなことを言うわけです。全否定です。『そんなこと言ってるから、部長になれなかったんだ』って言われてる気がしてね。それでなんかどうでもよくなってしまって。どうすることもできませんから。そんなある日、顧客と部下がちょっとしたトラブルを起こした。それで自分の人脈を使ってトラブル処理を手伝いました。今までそんなことやったことなかったんですけど、なんか魔が差したっていうか、たまたまっていうか。ほんと、たまたまだったんですよ」

このようにたまたま部下を助けたオオタさんですが、翌朝、それまでの腐った気持ちが一掃される〝出来事〟が起こります。

「――次の日、手伝ってやった部下に、『今まで何人もの課長の下で働いてきましたけど、課長ほど親身になってくださる人はいませんでした。課長ほどの人脈を持っている方にお会いしたのも初めてです。私も課長のようなネットワークを持てるように、業務にまい進したいと思います。本当にありがとうございました』って言われたんです。

それで目が覚めたっていうのかな。まだ自分にもできることがあるじゃないかって。自分の職業人生のノウハウを最大限に生かして、部下たちの背中を押すような仕事をしようと思いました。そのためには、部下が何を考え、何をやっているのかを知ることが大事。それでこんなものを作ることから始めたんです」


オオタさんはカバンから一冊のノートを取り出しました。ノートの横軸には月曜日から金曜日までの日付、縦軸にはスタッフ全員の名前が書かれていました。

「――部下たちに、自分から話しかけたかどうかを記録しているんです。部下たちから仕事の報告や相談を受けることはありますけど、一人ひとりに私から話しかける機会を、少なくとも週3回は持とうと決めました。

それでね、このノートを広げて机の上に置いとくんです。目立つ場所に置いとけば、『これってなんですか?』って聞いてくる部下がいる。自分のやっていることを見える化すれば、部下たちが上司になったときの参考になるかもしれないなぁってね。いや、ホントに参考になるかなんてわかりませんよ。ただ、私も初めて部下を持ったとき、部下とのコミュニケーションの取り方に苦労しましたから、何かの役に立てばいいなぁってね」

オオタさんは楽しそうに語ってくれました。

たまたまが、とことんに。一冊のノートの実現がオオタさんのミッションであり、上司には決して評価されない「ジェネラティビティ」です。

次世代のために動く——ジェネラティビティ

「ジェネラティビティ（Generativity）」は、心理学者のE・H・エリクソンが、成人後期（40～65歳）の課題（発達課題）にあげた造語で、「次世代の価値を生み出す行為に積極的にかかわること」を意味しています。

自己中心的な発想を超えて、部下、後輩、子ども、社会、地域に積極的に役立とうとする。上司のために何かやれば評価されたり昇進するかもしれませんが、部下や後輩のためにやっても見返りはありません。だから、たまたま。たまたまで十分です。
「上司、先輩、会社」を視界から排除し、見返りを求めない、自然な振る舞いをしていると、小躍りするような出来事が起こったりする。だから人生はおもしろいのです。

【証言12　大手自動車メーカー勤務のホシノさん（仮名）60代】

「――私は会社に大した貢献もできなかった。目立たない存在でしたし、同期でも私のことを覚えてないヤツらもいるんじゃないですかね（笑）。でも、退職の日に『僕、ホシノさんがいるから頑張れたんです。ホシノさんの仕事との向き合い方が好きでした。ありがとうございました』って、30代の若い人に言われました。びっくりしましたよ。そんなこと言われたことなかったしね。でもね、思いがけない一言に私は救われました。こんな自分でも、ここで働いた意味があったんだなって。なんかね、無性にうれしかったです」

静かな口調でこう話してくれたホシノさんは、「与えられたことは、とことんやらなきゃだめ」という思いだけは大切にしてきました。これがホシノさんのミッション＝正義であり、ジェネラティビティだった。

ホシノさんの会社員生活はイケイケでもなければ、華々しいものでもありませんでした。出世もしなかったし、会社から表彰されたこともありません。そんなホシノさんの会社員人生に、たったひとりの社員が「光」を灯したのです。

「でもさ、部下からどんなに慕われたり、感謝されたところで、部下はね、やがて忘れるんだよ。せいぜい何十年か後に訃報を聞いて葬式に出るくらいかな」と、苦笑いする人もいるかもしれません。でも、それでいいのです。どうしても最後のお礼をしたいから、部下や後輩は葬式に足を運ぶのです。

「語る言葉のある人」たちに見送られる故人を、うらやましく思った経験は誰にでもあるのではないでしょうか。いいお葬式だったな、と。きっと故人は死の入り口でこうつぶやいたはず。「人生思い通りにならなかったけど、結構おもしろかった」と。

第三条　自分の心に従う決断をせよ！

「実はやってみたかったこと」を実現するコツ

上司の期待に応える生き方から脱出したら、ずっとやってみたかったことを具体的にやってみてください。次世代のためでもない、「私」のために。

「私」が子どもの頃やってみたかった、やってみたかったけど「忙しい」を理由にやらなかった、そんな「私がやりたい！」を自分の心に従って50の手習いならぬ、40の手習いにしてください。

その際、新たな「半径3メートル作り」もお忘れなく。

音楽をやりたかったら仲間を募り、楽譜を揃え、練習日を決める。筋トレをしたかったらパーソナルジムに通う。英語を習いたかったら駅前留学するなど、なんらかのコミュニティに属するなどして、他者を巻き込むと、案外長く続けられます。

これは「一貫性の原理」と呼ばれる、人間にプログラムされた心の動きのひとつです。

人間には一貫性を保ちたいという欲求があるため、ひとたび決定を下し主体的に関わると、自分の内からも外からも、自分の決断を正当化しながら行動するようになります。

その理由のひとつが、そのほうが楽。もうひとつが、他者のまなざしです。

自分で決断するのは案外、勇気のいる行為です。めんどうくさい行為と言い換えたほうがわかりやすいかもしれません。しかし、一回「こうしよう！」と決めてしまえば、あとはあれこれ悩んだり、考えたりしなくて済むので楽。それが自分の価値判断に基づく決定ならさらに楽。パターン化した生活をしていれば、再度考える必要がなくなります。多少疑問を抱くことがあっても「だって散々考えて決めたわけだし〜」と自分に言い聞かせられるので、あきらめがつきます。

さらに、人は「一貫した＝筋の通った行動」を信頼する傾向があるため、他者のまなざし＝「あいつ適当だね。自分からやるよって言いだしたのにね」と不評を買わないために、自分の決断を正当化しながら行動するようになります。そうするだけで自分の決断の満足度が上がり、ますます「続ける」が可能になってゆくのです。

一貫性の魔力

一貫性の原理を私の友人のユリコ（仮名）を例に、具体的に説明しましょう。

ある朝、朝早くに携帯電話が鳴りました。朝7時です。こんな時間に誰？　とスマホの画面を見ると、「ユリちゃん」の文字。「ど、どうした？　何かあった？」と慌てて出たところ、「彼がね、大阪出張から帰ってきたんだけど、ホッケ買ってきたの……」と泣き出しました。

大阪でホッケ？　しかも朝っぱらから。わけがわかりませんでした。

で、詳しく話を聞いたところ、ユリコと同棲中の彼が半年ほど前からやたらと大阪に出張に出掛けるようになったのですが、大阪には彼の会社の本社があったので、ユリコもさほど気にしていなかったそうです。ところがある日、彼のスーツを片づけていたら、ポケットから電話番号が書かれたメモを発見。嫌な予感がしたユリコはその番号に電話。すると、「はい。○○ホテル洞爺でございます」と男性が出たというのです。

この瞬間からユリコは私立探偵に大変身！　彼のパソコン、彼の携帯、彼のかばんなど、彼との10年間の同棲期間中、一度も見たことも、見ようと思ったこともなかった「禁断の扉」を開けまくりました。

そして、彼が29歳の女性と親しくしていることを突き止めた。ただ、ひと回り以上も下の20代の女性が相手でしたので「きっと彼は相談相手になってるだけだろう」と、禁断の扉を開けまくったうしろめたさもあり、あえて普段通りに過ごしたそうです。


そんなある日（ユリコから電話があった3日前）、彼が「急に本社から呼び出しがあって大阪に行くことになった。2泊して最終の新幹線で帰ってくるから先に寝ててね」とそそくさと出掛けていったそうです。で、翌朝（今朝）、ユリコが目覚めると、予告通り昨晩遅くに「大阪」から帰ってきた彼が隣で寝ていました。ユリコは起きて台所に行き、冷蔵庫を開けたところ、冷蔵庫の奥にビニール袋を発見。

「何、これ？」と不審に思い開けてみると、そこには立派なホッケが！　しかも、ビニール袋には洞爺湖の文字。ユリコの寝ぼけ眼に、彼の浮気の物的証拠が飛び込んできた！　うろたえたユリコは、私に電話して、ビエーンビエーンと泣きまくった（彼は爆睡中！）。

まさかまさかの〝ホッケ事件〟が起きてしまったのです。

それからというもの、ユリコは彼と喧嘩を繰り返します。その度に、彼は浮気を否定し続けました。そして、なんと、なんとの「プロポーズ大作戦」に彼は打って出ました。ユリコは「考える時間が欲しい」と一旦は回答を保留。しかし、その後も彼はあの手この手で、プロポーズ大作戦をし続けました（以下、ホッケ事件から三カ月後の会話）。

ユリコ「なんかさ、もうどうでもよくなっちゃった」
薫「どうでもいいって、彼のこと？」
ユリコ「ううん、違う。浮気とかもういいやって」
薫「ってことは、結婚するの？」
ユリコ「それもどうでもいい」
薫「……なんかわかんないけど、彼のことが好きなんだね」

ユリコ「10年間、一緒にいて幸せだったし。10年間のうちの数日間、浮気されたからって、その10年間を棒に振るのもバカバカしいなぁ、って。それこそまんまと浮気女にはめられるのもシャクだしね（笑）」

あの〝ホッケ事件〟から10年。ユリコは彼と同棲20年目に突入しました。昔よりはるかに幸せそうに。これが一貫性の原理であり、魔力です。

「自己決定」が人生を幸せにする

「自分で決める」という一見単純な作業が、人生満足度を高めることはさまざまな研究で確認されています。

全国の20～70歳の男女2万人を対象にした調査では、「所得や学歴よりも『自己決定』が幸福感に強い影響を与えている」ことがわかりました。かねて所得水準と幸福度が必ずしも比例しないことは、国内外の調査でコンセンサスが得られていました。しかし、何がどの程度、幸福感に影響しているかはわかっていませんでした。

そこで神戸大学の研究チームが、「所得」「学歴」「進学や就職などにおける選択の自由を示す自己決定」「健康」「人間関係」の5項目と、幸福感との関係を統計的に分析したところ、

1．自己決定は「健康」や「人間関係」に次いで幸福感に影響を与えていた

2．自己決定は「所得」と比較すると、幸福感に約1・4倍も強い影響力があった

ことがわかりました（K. Nishimura, T. Yagi. Happiness and Self-Determination-An Empirical Study in Japan 2019）。

また、海外で就活生を対象に行われた調査では、「世間の基準や評判」を基に進路を選択した学生は、絶え間ない不安に晒されていることが確認されています。

キャリアカウンセラーにアドバイスを求めたり、専門家による企業ランキングを活用して就職希望先を決めた新卒者と、自分が興味を持った会社に就職した新卒者を比較したところ、前者の新卒者は後者より年収が平均で1万ドル以上高かったにもかかわらず、後者の新卒者より仕事の満足度が低い傾向にあることがわかりました（『選択の科学』シーナ・アイエンガー　２０１０年）。

前者の新卒者が「自分の選択が本当に正しかったのだろうか」という不安を抱いていたのに対し、後者の新卒者はイキイキと働いていたのです。

ひょっとすると前者の新卒者のほうの上昇志向が高く、それが満足度を低くしている可能性もあります。しかし、「自分で決める」ことは自由の追求です。人は「自分が決めた」ことにはちゃんと自分で責任を持つ強さがあります。その自由と責任感が、仕事の満足度に影響したと私は解釈します。

人は自分で決めたいし、自分でやりたい。自分の心に従う決断こそが、幸せへの近道なのです。

裁量権が大きいほど長生きできる!?

興味深い調査結果を紹介しましょう。

英ロンドン大学がストレスと死亡率の関係を解明する目的で、1967年から継続して行っている「ホワイトホール・スタディ」です。

これはロンドンの官庁街で働く約2万8000人の公務員を対象にした調査で、階層の最下段にいる公務員は、トップにいる人々とくらべて死亡率が4倍も高いことがわかりました。

喫煙率、高血圧、血清コレステロール値、血糖値など、リスク因子のすべてを加味した補正を加えた比較でも、死亡率の差は補正前の3分の1しか減少せず、最下層にいる公務員とトップの死亡率には2倍近くの開きがあった。いかなるリスク要因を加味しても、ストレスの多いはずのトップが長生きする傾向が認められたのです。

そのメカニズムを解明する目的で始まったのが、ロンドン大学のマイケル・マーモット教授の指揮の下で1985年に始まった、第2期ホワイトホール・スタディです。

マーモット教授はさまざまな分析を行うとともに、ほかの実証研究を積み重ねて得られた知見から、「社会的階層で最上階に位置するトップと、最下層の労働者とでは働く環境が異なる。特に、『自分で自由に決めることができる権利』の差は歴然としている。トップが長生きの謎は、彼らが持つ裁量権にある」と指摘。「自分で自由に決める権利」が寿命にまで影響すると、階層組織のあり方に警鐘を鳴らしました。

蛇足ですが、自分で自由に決める権利、すなわち心の自由の有無が寿命に影響を与えるのは、人間ばかりではありません。動物園で暮らすライオンより、サバンナで常に天敵の恐怖に晒されているライオンのほうが長生きするという調査結果があります。

また、英王立動物虐待防止協会の研究グループが行った調査では、動物園で飼育されている雌のアフリカゾウの平均寿命が17年弱だったのに対し、ケニアのアンボセリ国立公園で自然に暮らす雌のゾウは平均で56年生きることが判明しました。

研究グループは、動物園のゾウが野生に比べ短命であることについて、ストレスや肥満などが死因として考えられるとしていますが、「自分で決める自由がない」こと自体ストレスです。

やはり「自分で自由に決める権利」を放棄しちゃ、絶対にいけないのです。

しなやかに生きるために必要なのは「自律性」

自分の心に従う決断を健康社会学では「自律性（autonomy）」と呼び、「自分の考え方や行動を自己決定できる思考」と定義しています。

「ひとつの会社で勤め上げて、はい、おしまい！」という働き方が終焉を迎えた今、自律性こそが人生後半戦を生き抜く上で極めて重要なリソースであることは言うまでもありません。

「自律性」の高い人は、他者からの評価を「それはそれ」と受け止める一方で、最後は「自分の生き方を決めるのは自分」という強い信念のもと、自分の価値判断で選択します。

「他者の評価に惑わされることは絶対にない」と断言するほど頑なではないけれど、自由で、たくましくて、しなやかな生き方を実現する、それが「自律性」です。

人が死ぬ前に後悔する五つのこと

人生最後のときを過ごす患者たちの緩和ケアに数年携わり、たくさんの人を看取ったオーストラリアのブロニー・ウェアさんは、死を間近に控えた人々が口にした後悔の中で多かった五つの事柄をあげています（The Top Five Regrets of the dyingより抜粋）。

1．他人が自分に期待する人生ではなく、自分自身に正直な人生を生きる勇気があれば良かった

2. あれほど働かなければ良かった
3. 自分の気持ちを率直に表現するだけの勇気があれば良かった
4. もっと友だちづきあいをしておくべきだった
5. もっと幸せな人生を送れば良かった

ウェアさんは最期のときまで人々は、「幸福とは選択の問題だと気づかない」と説きます。多くの人たちが、古いパターンと習慣に囚われ、慣れ親しんだことに安住し、変化を恐れるがゆえに満ち足りていると自らを偽る、と。

会社員生活も似たようなものだと思うのです。

以前、40代の男性が「長いことひとつの組織にいると計算するようになる。でもね、どうすることもできない自分に罪悪感みたいな気持ちもあってさ。だから女性がうらやましく思うときがある。自由でいいよなぁって」と嘆いていました。

「女は自由でいいよなぁ」……。たしかに私も言われたことがあります。最近はめっきり減りましたが、そういう会社員には自律性がありません。真の「自律性」は、きわめて個人的で、自分の内面からおのずと滲み出るもののこと、いわば「人生の約束」のようなもの。

あなたの人生の約束は何ですか。あなたの人生を生きるには、自分の心に従う決断を、その勇気をもってください。

第四条　自分を諦めるな！

左遷を経験しない人はほとんどいない

会社員生活では自分で決めたくとも、決断を会社に委ねなくてはならない、上司の専権事項になっているルールがあります。「人事権」です。

会社員にとって社内人事は最大の関心事で、誰それが栄転だの外されただのと大いに盛り上がります。暗に自分が〝上〟とつながっていることを匂わすために、ウラのウラまで読もうとする輩もいるなど、そりゃあもう大騒ぎです。

以前、『左遷論』の著者・楠木新《くすのきあらた》さんと対談した際に、「会社員で左遷を経験しない人なんてほとんどいない」とおっしゃっていました（日経ビジネス特別対談『いつか、あなたも必ず「飛ばされる」』）。

「人事は業務上の必要から空いているポストに人をあてはめるというのが基本なので、どうしても本人にとって意に添わないことになりがちだ」と。左遷であるか否かは本人の受け止め方次第です。「ここは自分にふさわしい部署や役職でない」と思うと、たとえ横滑り人事でも左遷になってしまうのです。

評価というのは実に厄介な代物です。評価は「自分以外の誰か＝他者」だけではなく自分自身も行っていて、大抵は自己評価を高く見積もっています。楠木さんの感覚では、自己評価は3割増だとか。このような心の動きは「平均以上効果」と呼ばれています。

自己評価と他者評価のギャップが左遷の正体であり、ひとたび「左遷」という言葉が脳裏をよぎるとやる気が失せます。

しかし一方で、「左遷」は自律性を手に入れる最良のチャンスです。

「左遷された」と腐るのではなく、左遷されたときこそ、自分が考えたやり方で目の前の仕事に没頭すれば、自律性が強化されます。その先にあるのが「人格的成長」（詳細はのちほど）、自分をあきらめない力です。

誇りを持って働く人の尊さ

私がバイブルとしている一冊、『ＷＯＲＫＩＮＧ』（１９７２年刊行／邦訳『仕事！《ワーキング》』晶文社）には、自律性が「働く人の言葉」で見事に描かれています。

「これは仕事についての本である。まさにその性質上、暴力について――からだ的にも精神的にも――の本だ。胃潰瘍についてでもある。けんかについてでもあり、ののしりあいのことでもある。（中略）なによりもまず（中略）日々の屈辱の本だ」

刺激的な文章で始まるこの本の著者はスタッズ・ターケル。さまざまな職業を経て、ラジオ・パーソナリティーやテレビ番組のホストとして活躍し、後に「オーラル・ヒストリー」と呼ばれる独自のインタビューのスタイルを確立していった人物です。

ターケルは、ヒッピーが登場し若者が働かなくなったアメリカで115の職業、133人の普通の人々にインタビューし、働く普通の人たちの「語り」を一冊の本にまとめました。ターケル自身の思いが語られているのは前書きだけなのですが、これがまた実に巧妙で。「働く」という行為の深いところまで考察した文章がすばらしいのです。

「もちろん数こそ少ないが、じぶんの日々の仕事に魅力を発見しているしあわせなものもいる。(中略)仕事そのものというよりはむしろ、その人の人柄が感じられはしないだろうか?　たぶんそれが正しい。でもそこにも共通する性格がある。賃金以上の、それをこえるりっぱな仕事をしようとする意志だ」

そのひとりが、高級レストランのウェイトレスのつらさを克明に語ったドロス・ダンテです。

ダンテは高級レストランに来るお客たちが、ウェイトレスである自分に向ける〝まなざし〟に我慢できない。それでも彼女が毎晩無事にウェイトレスの仕事を務め上げられるのは、自分が磨き上げたウェイトレスの腕への誇りです。

「皿をテーブルに置く時、音ひとつたてないわよ。グラスひとつでもちゃんとおきたいのよ。客にどうしてウェイトレスなんてやってんだって聞かれたときには、『あんた私の給仕をうけるのにふさわしいって思うってわけね？』って、逆に聞いてやるのよ」

これが「自律性」。誰に命令された訳でも、音を立てるなとクレームがあったわけでもない。ダンテがダンテでいるための「仕事の誇り」です。

「お客さんも私を指名するのね。じっと（私の手があくまで）待ってくれる人もいるのよ。疲れる仕事よ。神経も使うし。本当に我慢のしどおしよ。でも、みんなに満足してほしいの」（『ＷＯＲＫＩＮＧ』より）

ダンテはただのウェイトレスではありません。唯一無二の「ドロス・ダンテ」です。

かつて、リチャード・M・ニクソンは「労働記念日」に次のようなメッセージを残しました。

「労働はそれだけで善であり、男も女も働くという行為のおかげで、よりすぐれた人物になる」と。

しかし、現場で日々葛藤するダンテの語りは、それが逆であることを教えてくれます。「労働」はちゃんとやって、初めて「善」となる。「立派な仕事をしようとする心」があって初めて「よりすぐれた人物」になっていくのです。

自分の可能性を信じられるかどうか

ついつい私たちは、思い通りにならない事態に遭遇すると、都合のいい言い訳を見つけようとしがちです。「もう歳だから」とか、「こんな会社だから」「時代が悪いから」とエクスキューズをつけ、ただただ天を仰ぐ。

実際には、自分自身が動き続けることをやめただけ。自分が足を止めてしまっただけ。自分自身が「選択の自由」を放棄しただけにすぎません。

自分の内なる声に耳を澄ましてください。「そのまま腐ってろ！」と嘆いてるだけか、「このままで終わりたくない！」と怒っているのか？

もし、このままで終わりたくないと怒っていたなら、目の前の自分がやらなくてはならない仕事の質をあげるには、どうしたらいいか？　を考え、具体的に動いてください。自分の考え方や行動を自己決定できる思考＝自律性を徹底する。そうすれば人生後半戦を生き抜く、最大の武器「人格的成長」を手に入れることができます。

「人格的成長」とは、「成長し続けている感覚がある」状態のことで、そのエンジンになるのが「自分の可能性」への強い信念です。

年をとっても「人格的成長」を遂げる人たちの共通点

国内外で実施された調査で「人格的成長の度合いは年齢とともに低下しやすい」という一貫した結果が得られている一方で、私がこれまでインタビューした人の中で、いくつになっても人格的成長を維持していた人たちには、例外なく「自分への怒り」がありました。

役職定年など外的な要因で側道に追いやられた人たちほど、自分への怒りが顕著でした。自分の立場に戸惑い、投げやりになったり、息を潜めそうになったりしながらも、「このままじゃつまらない。腐ってたまるか！」とあらがい、主体的に動いていました。

「腐ってたまるか」という自分への怒りこそ、人格的成長の導火線です。

目の前の仕事を「少しでもいい仕事にしてやる！」と意地を見せれば、怒りが前に進むエネルギーに転換されます。

なんやかんや言っても目の前の仕事の「質」を高めるために励む以外、できることはないのです。明後日の方向を見るのではなく、目の前の仕事に200％完全燃焼することで人は進化します。

やめるのはいつだってできる。その前に、まずは「自分の成果物」の価値を上げるべく徹底的にまい進する。必死に学び、時には周りの力を借り、とにかく動く。そのプロセスが人格的成長を強化します。

すべての人に「人格的成長」の機能は常備されていますが、スイッチを押せるのはあなただけ。主体的に、具体的に動きさえすれば、スイッチが、オンします。たとえ危機に遭遇しても、いったんオンになった「心＝人格的成長」はひるみません。「人格的成長」と「チャレンジ精神」を同一に扱う専門家もいますが、厳密には異なります。うどんときしめんといった感じでしょうか。チャレンジ精神が「自分の行動する力」に価値を見出していることに対し、人格的成長は「自分の内在する力」に価値を見出すもの。

自分を決して諦めないでください！　自分で限界さえ設けなければ、可能性はどんどんと広がっていきます。可能性は無限大なのです。

第五条　負けた人がいちばん強い、と心得よ！

体の異変は突然に

どんなに誇りをもって働いていても、どんなにこのままで終わりたくないと怒ろうとも、どんな困難にも負けない！　という強い意志があっても、どうにもならないことがひとつだけあります。「自分の体」です。

自分の体の異変は、ある日突然です。青天の霹靂《へきれき》を超える衝撃をもたらします。

大手マスコミに勤めるイズミダさん（仮名）が、「一歩間違えば死んでいた」とお医者さんに言われたのは55歳。

いつも通り残業し、いつも通り飲み屋に行き、締めにラーメンまで食べて深夜に帰宅した翌朝、救急車で運ばれました。

【証言13　大手マスコミ勤務のイズミダさん（仮名）50代】

「――入院と自宅療養で、３カ月間会社を休みました。医者から『一歩間違えば死んでいた』と言われて、『自分』というリソースが物理的に有限のものであり、これは大事に使わないともったいないと思うようになりました。まだ子どもたちは大学生ですし、この後本当に普通に仕事ができるのだろうかという不安もありました。

倒れて気が付いたのは、自分の心の底にあったエリート意識です。ちょっと偉そうに『できる子、できない子』という見方で人を見てた。自分は『できる子』と思っていたんです。ところが、仕事も生活も体も『弱くて、ダメなほう』に回ってみると、景色が変わって見えた。階段に手すりがあるのはありがたいし、車椅子が進めない設計の公共施設などが目につくようになったりしてね。

『できない自分』を受け入れるには、時間がかかりました。どうしても、過去の『できる自分』と比較してイラついたり、悩んだりの繰り返しでした。でもね、健康のために始めたマラソンが少しずつでも走れるようになって、目標を持って走るようになった。ダメな自分でも少しずつ成長していけるんだって、感じるようになった。やっとダメな自分と向き合えるようになったように思います」

危機感は長く続かない

40歳を過ぎると一晩徹夜しただけで3日間使い物にならなくなったり、電車に駆け込み乗車しようとして足が絡まったり。「若いときと同じようにできない自分」と遭遇する瞬間があります。しかしそれはさほど深刻じゃない。だって「誰もがそうなる」と思えるからです。

だから、どんなに「ふたりにひとりがんになる」「休肝日を作らないと肝臓がへたる」「タバコは肺がんのもと」だのと言われても、「そうだね。気をつけよう」でジ・エンド。具体的な行動に移せるのは、よほどの健康オタクか、「遺伝的なリスク」を懸念する人くらいでしょう。

私も母が乳がんをしていたので、40代の頃は検診にマメに行ったり、食事に気をつけたりと、ずいぶんと気にしていました。

それでも……忘れるのです。「何も起こらない＝健康体」が続くと、危機感が消滅します。「ま、元気だし。それに健康診断だけは毎年受けてるから」といった具合に。

ほら、みなさんも、すっかり忘れてませんか？

前章で「氷河期世代はほかの世代に比べて健康の改善が鈍く、低い状態が続いていた」ということを。主観的健康度を否定的に評価するリスク、入院のリスク、「病気との距離がほかの世代より近い」ってことを。ほんのちょっと前に「びっくりした！」出来事でさえ、人は忘れてしまうのです。

病に倒れてはじめて見える世界が変わる

とはいえ、どんなに「健康生活」をしていても、どんなに昨日まで超元気でも、病気になるときは病気になるし、倒れるときは倒れます。病気のリスクファクターを明らかにすることはできても、病気を確実に予測することは不可能です。医学技術の発展は治療や進行の鈍化に役立つだけであって、生き物としての人間の宿命を変えるものでもありません。

そして、件のイズミダさんがそうだったように、ある日突然「負ける経験」を強いられ、前が見えなくなる。

それまで描いていた未来が消え、手元にあったものが消え、何をどうしたところで、「病以前の自分」には戻れない。それまで視界良好だった「自分という存在」と「自分を取り巻く半径3メートル世界」にモヤがかかる。どこに向かって進めばいいのか、進んだ先に何があるのか、すべてがわからなくなり、「なんで自分がこんなことにならなきゃいけないんだ」という不安に翻弄されるのです。

ここでイズミダさんのように、「できない子」になった自分と向き合えれば、新しい景色がくっきりはっきり見えるようになります。それまで見ていた世界がとても狭い世界で、自分中心にしか見てなかったことに気づかされます。

イズミダさんは病に倒れ、「将来に必要なことはなんだろうと見直し、新しく勉強しないと、と思うようになった」そうです。3カ月の入院を経験して「仕事のサポートをしてくれた同僚」に素直に感謝し、病院で寄り添ってくれた家族に感謝し、それまでの行いを反省したといいます。

私たちは案外気がついていないけど、「私」は自分のことを案外知らないのです。

自分と向き合わざるを得ない状況になって、ようやくありのままの自分を受け入れられます。すると一皮むけます。上手くむけなくてジタバタするかもしれません。それでもツルッと、本当にツルッと、ある日、ある瞬間、たまねぎがむけて大人になります。

人生の折り返し地点にいる「いい大人」が「大人になる」だなんて奇妙な話ですが、これを「成熟」と人は呼んでいるのではないでしょうか。

「負けない事・投げ出さない事・逃げ出さない事・信じ抜く事　駄目になりそうな時そ

れが一番大事」ではあるけど、「負けた」状況になってこそ発揮できるしなやかさが人にはある。

ですから、あえて自分から「負けてみる」と自分の中に眠っている「私」がすんなりと発動する。自分でも驚くほどに、です。

自分から負けてみる

個人的な話になりますが、会社という組織に属さないで「右手ポンポン」で食ってるただのフリーランスの私は、「負けてみる」しかない状況に度々遭遇しました。

所詮、出入り業者でしかない私は、スーパー上から目線で隙のないお叱りを、階層上階の〝エリート会社員〟からたまに受けることがあります。彼らは正論しか言いません。その正論には、会社側が不利になるような文言はいっさい含まれません。かといって執拗に私を責め立てるものでもありません。

それがキツイ。彼らの「立場」に基づくであろう正論が、私にはかなり応《こた》えます。そんなとき、明日も食っていくためにできることはただひとつ。「まったくもってその通りです！」と、正論を受け入れること。自分から負けてみる。平謝りするのです。たとえ言いたいことがあっても、反論したいことがあっても、グッと心の奥底に押し込む。６秒あればなんとか押し込めます。

するとと不思議なもので、「ん？　やっぱり私が悪いんじゃん」と未熟な自分に気づきます。言霊《ことだま》とはよく言ったもので、自分から「ごめんなさい」「ご迷惑をおかけして申し訳ございません」と言い続けると、心から「悪かったのは自分だ」と思えるんですよね。それは同時に、誠実さや勇気、謙虚さや忍耐といった、目に見えないけど人として必要な資質への投資の必要性を学ぶ機会でもあります。

なので、いつからか私は「とっとと負けてみる」ようになりました。おかげで火消しだけは上手くなりました（笑）。

会社員という序列がある組織にいると、なかなか「自分から負けてみる」のは怖いかもしれません。それでも負けてみてください。誰のためでもない、自分のためにです。

「負け」と「謙遜」は違う

私の持論は「人生で大切なことは幼稚園で習ってる」です。

幼稚園の先生に、「挨拶をしましょう！」「悪いことをしたらごめんなさいと謝りましょう！」「うれしいことをしてもらったらありがとうと感謝しましょう！」と教わったのに、歳を重ねちょっとばかり偉くなると「なんで俺から新人に挨拶しなきゃいけないんだ！」と挨拶を拒否し、「なんで俺から頭を下げなきゃいけないんだよ」と、おはよう、ありがとう、ごめんなさいと言わなくなります。

とりわけ常に他者と競争してきた会社員の中には、「こっちから口にしたら負け」と思う人も少なくありません。

一方で歳を重ね身につくのが、負けを装う「謙遜」です。

謙遜はへりくだって控えめな態度を取ることですから、その時点で「自分は勝ってる」と思い込んでいる。つまり、下手に嫉妬されたり、嫌われたりしないための自己防衛が謙遜です。

「いや〜、さすが出来杉さんですね〜。そんな発想、私のような凡人には思いつきません」

「いやいや、何をおっしゃいますか。野比さんこそすごいじゃないですか。うちの若手にもね、野比さんを見習え、っていつも言ってるんですよ」

「いや〜、それはうれしいですね〜。出来杉さん、これからも学ばせていただきますよ。そういえば息子さん、東大に合格なさったとか。さすがだな〜。うちの息子に爪のあかでも煎じて飲ませたいですわ」

「いやいや、まぁ、トンビがタカを産んだようなものでしてね。ガッハッハ」

これが俗にいう、「謙遜ごっこ」です。はい、私が命名しました。謙遜ごっこには中身がありませんので、時間潰しにはいいかもしれませんが。

とにもかくにも、まずは「ありがとう」「ごめんなさい」「お先にどうぞ」ときっぱりはっきり口にし、「自分から負けてみる」の一回戦に挑んでください。

第六条　ぼんやりと生きろ！

自分の時間を確保する

私が大学生だった頃、暇でした。いつも暇でした。とんでもない暇を持て余し、「部活まであと5時間～、コロッケカレーでも食べよう！」と、学食で毎日毎日、暇を潰していました。

国際線のスッチーになったときも、暇でした。

当時、ANAの国際線は発展途上にあり、デイリー就航していない路線がほとんどです。ワシントン線やシドニー線は「3泊5日」、モスクワ線は「4泊6日」、日本から近い北京でさえ「3泊4日」でした。万里の長城で暇を潰す、などという壮大な暇対策をやっていました。

そんな私が寸暇を惜しんで仕事し、朝起きた途端にパソコンを立ち上げ、移動中の新幹線や飛行機でもパソコンを立ち上げ、寝る直前までパソコンに向かい続けるようになりました。

今、思えば「忙しい人＝できる人」「忙しい人＝求められてる人」という価値観を、私は捨てられなかったのだと思います。忙しさ自慢する人を軽蔑していたはずなのに、私はまんまと忙しさ自慢をし、何者かになったような気分になっていたのです。

しかし、あるときから積極的に暇を作るようになりました。「自分の時間はちゃんと取ろう」「睡眠時間もちゃんと確保しよう」「それが自分への投資だ！」と思うようになりました。何がきっかけだったかは思い出せません。というか、きっかけがあったかどうかもわかりません。ただただ、仕事だけやってる人生が貧弱に見え、「自分の時間をちゃんと持つ＝自己投資する」ようになりました。

すると案外、それでも日常はちゃんと回ることに気がつきました。テレビやラジオ、講演会などの「その場にいなくてはならない仕事」はどうすることもできません。が、原稿の締め切りは「半日くらい遅れても大丈夫！」です（編集者のみなさまごめんなさい）。そもそも原稿の締め切りは、印刷やウェブにアップする時間から逆算しているので、編集者は自分が編集する時間を計算した上で、「〇月〇日締切」にしてるわけです。

当然、間に合うなら間に合わせたほうがいいに決まってます。編集者に迷惑を掛けたくないですから。でも、「半日くらい遅れても大丈夫！」と原稿を書き進め（締め切りに間に合わせるように書いてはいる！）、結果的に「○月○日＋12時間」掛かってしまい、「遅くなって申し訳ございません‼」とできたてホヤホヤを送っても、「ありがとうございます！」と返事が来るのです。

もちろん私が半日遅れた分、編集者は通常のスピードより早く校正に取り掛からなきゃいけなくなっているのかもしれません。が、その「半日」があるだけで、私の心は元気になりました（重ね重ね編集者のみなさん、ごめんなさい）。

最近は高齢になった母と「一緒に出かけられるうちに出かけておこう」とバレエの舞台やクラシックのコンサートなどに出かけたり、「秩父宮《ちちぶのみや》がなくなってしまう前に！」と、ラグビーと野球の観戦に出掛けたりするようになりました。

仕事から離れ、非日常の世界を過ごすと、こわばっていた心が緩みます。

頭の中にも「空白」が生まれ、おもしろいことを思いついたり、それまで見過ごしていた道端の名も知れぬ花に気づいたり。夜空を見上げ、満月と金星に感動したり。「世界は美しい！」などと無条件に思えるのです。

どれもこれも束の間の幸せであり、３日ほどの賞味期限しかありません。でも、それでいいんじゃないか、と。「ぼんやり＝無駄」は人生に必要なのです。

人が人でいるために必要な「無駄な時間」

本著でたびたび引用しているフランクルの『夜と霧』は、人が人として扱われない収容所とそこから見える人の本質にして本性を描いたものですが、そんな強制収容所にも「ぼんやり」があった。ひとつのバラックがそのときだけ空にされ、木のベンチが並べられ、「プログラム」が作られ、「演芸会」が催されることがあったそうです。

夕方になると、囚人たちやカポー（囚人を監視する人）が集まり、彼らは少しばかり笑い、あるいは泣き、厳しく悲惨な現実を忘れました。歌の上手い囚人は拍手喝采を受け、歌に感動したカポーが夕飯時にいつもより多めにスープをよそってくれたり。おもわぬ「報酬」を受けたといいます。

また、ある夜、人殺しカポーと呼ばれる男が詩を好んで書いていることを知ったフランクルが、「ぜひ、披露してほしい」と請うたところ、彼は詩の朗読を始めました。それは吹き出すのを堪えるのが大変だったほど滑稽な詩でしたが、フランクルらが彼の力作に惜しむことなく拍手をおくったところ、強制労働中に人殺しカポーが優しくしてくれることがあったそうです。

以前、古代ギリシャ研究をしている先生に、古代ギリシャの人たちは30歳を過ぎると、無駄な時間を埋めるのに無駄に宴会（響宴）をやったと教えてもらいました。

ギリシャでの30歳という年齢は、第一線で戦争で駆け回って槍投げをするにはピークを過ぎた人たちです。今でいうところの「役職定年者」といった感じでしょうか。

彼らの一日は宴会で始まり、腹一杯になると日もすがらワインを水で割って飲みまくり、神（アポロン）に対して、歌い、踊りまくり、夜は寝るという生活だったそうです。無駄な時間を楽しんでいたのです。

無駄は人が他者とつながるための、大切な時間です。

無駄な時間の中では、立場や属性、役割に関係なく「同じ人」としてつながる心が人にはある。無駄＝音楽や舞台、スポーツといった、言葉でとらえつくせないものだからこそ、かえって同じ時間を共有した他者と言葉で語ってみたくなる。映画を見た後、スポーツを見た後、あれやこれやと感動をわかち合いたくなる。

生産性という言葉が社会を闊歩するようになったせいで、「無駄をなくせ！」とすべてを効率化する社会ができあがったけれど、「人」が「人」でいるためには無駄が必要なのです。無駄な時間であり、無駄な空間であり、無駄話です。

「5年後の理想の自分」を紙に書く

「金を稼がなきゃ！」と躍起になると心はがんじがらめになりますが、「仕事だけが人生じゃない」と思えば、「もっとぼんやり生きてもいいんじゃね？」ともうひとりの己の声が聞こえます。

第3章で「仕事」「家庭」「健康」の3つの幸せのボールについて書きましたが、無駄がワイヤーみたいに3つのボールをつなぐと、ジャグリングのように回し続ける働き方ができます。3つの幸せのボールが回り続けてこそ、「仕事って楽しい」と思える。金を稼ぐための仕事から、解放されます。

そこでみなさんに、今やってほしいことがあります。

ペンとメモをご用意ください。そこに理想とする「5年後の自分」「5年後の仕事」「5年後の家庭」を書き、机の前や、手帳の中など、「ふと気づく場所」に貼っておいてください。そして、メモが目に入る度に「無駄を大切にしてるか？」を自問してください。

第七条　裏切られてもいいと開き直れ！

「あなたは運がいいと思いますか？」

世の中には「運」というものがあります。運とは偶然の産物なのか、はたまた勝ち取るものなのか？

「あなたは運がいいと思いますか？」

日本屈指の経営者で、一代で世界的企業を築き上げた松下幸之助さんは、面接試験で就活生（当時は受験生）に必ずこう聞いたそうです。

「はい、運がいいです」と答えるとプラス、「いいえ、運が悪いです」だとマイナスと判断したとか。

松下さんがなぜ、そうしたかは諸説ありますが、私は受験生が「生活世界＝半径3メートル世界」をどう意味づけているか？　を知りたかったのだと考えています。

「運がいい」と答える人は、自分が周りに助けられながら生きてきたことに気がついている人。一方、「運が悪い」と答える人は、うまくいかないことがあると運のせいにしてきた人。

運が決してお天道様の気まぐれなんかじゃなく、自分の半径3メートル世界の他者とどう向き合ってきたかで決まることを松下さんは知っていたのでしょう。

松下さんはおそらく目の前の「未来の仲間候補」が、相手が向かおうとしている方向性や課題を、一緒に見よう、一緒に解決に向けて努力をしようという人間の本性を忘れてないかが知りたかった。

若い人たちに、「どんな仕事であっても知恵を使って一生懸命にやりなはれ、そうすれば必ず社会の役に立つ」とよく言っていた松下さんだけに、人間としての資質にこだわったのかもしれません。

「信頼」は自分から生まれる

本章の前のほうで、――「強い自己＝自分がある人」は周りに流されたり、自分を殺したりすることがないだけでなく、自分を取り囲む環境と共存し、半径3メートル世界の他者と頼ったり頼られたりと、相互依存しながら「私」を確立します。――と書きましたが、この関係性の土台になるのが「信頼」です。

ここでの「信頼」とは、「あなたは他人を信頼できますか？」という問いに、「はい！」と答えられること。「う～ん、どうかなぁ、相手次第ですよね」「裏切らない人なら」と他者のせいにするのではなく、私が「人の本性＝愛」を信じているかどうかです。

「信頼」が生きていく上でも、働いていく上でも、いかに大切か？　を知らない人はいません。「信頼とかされなくていいよ。めんどくさいだけだよ」と強がる人でも、信頼できる人がいると心強いはずです。

ところが、多くの人は関係を強くすることだけが、信頼と捉えている。

たしかに苦労を共に乗り越えたり、難しいプロジェクトを一緒にやり遂げたり、自分と同じように汗と涙を流したりすると、結びつきが強まり、相手を信頼できます。

でも、信頼のスタート地点は、いつだって「私」です。「自分から手を伸ばして、握手する」ことも信頼なのです。

自分から手を伸ばす

私は子どもの頃、アラバマ州のハンツビルという街に住んでいました。

父は私が生まれる前からアメリカと日本を行ったり来たりしていたのですが、長期滞在が決まり、家族みんなで引っ越しました。

その渡米前に、日本で「プレアメリカ」を体験する行事やらなんやらを父が計画。なにせ、ハンツビルで日本人の家族はわが家だけ、当然日本人学校などありません。

完全アウェーの異国に少しでも慣れるようにと、日本に住むアメリカ人のお家に遊びに連れていってもらったり、アメリカンスクールに体験入学させられたり、アメリカンクラブのバザーに連れて行かれたり、ＮＨＫの基礎英語を母と一緒に見させられたり、とそりゃあもう大騒ぎでした。

「プレアメリカ」体験で、最初に学んだのが握手です。〝How do you do〟、〝Hi～～〟と、笑顔で手を伸ばす。お互いの手を握り合いながら、名前やら、会えた喜びやら、なんやらとニコニコ話す。その間わずか1分です。お互いの手に触れて話すだけで、髪の毛や肌の色、国籍、年齢などの違いの壁がス～ッと消え、自分の心と相手の心が近づくのです。子どもの頃はそれが楽しくて、うれしくて、興奮しました。

最初は恥ずかしくて「待ち」しかできませんでしたが、次第に自分から〝How do you do. Kaoru～〟と自分の名前を言いながら手を伸ばせるようになりました。ニコニコして。英語は喋れないのに、対面で話すのが楽しくなっていったのです。

プレアメリカ体験のおかげで、完全アウェーのハンツビルのエレメンタリスクールでも、〝あっという間〟に溶け込めました。

初めて見る「黒髪の少女」に興味津々のクラスメートが何を言ってるかわからなくても、ニコニコしているだけで友だちがひとり、またひとり、と増えていきました。ついには「スマイルチャンピオン」に選ばれ、ニッコリ笑顔で〝The Huntsville Times〟の一面を飾りました！（結婚すると一面に載る地元紙です）

握手の起源は諸説あります。「自分が武器を持ってないと示すため」「あなたと戦う気はないと伝えるため」「絆を示す」などです。

対面で社会を築いたヒトにとって、目の前の他者に触れる行為、つまり、握手は「私はあなたと同じ人」というメッセージだったのではないでしょうか。

愛は愛を生むし、信頼は信頼を生む。相手を変えることはできなくても、相手との関係性を変えることはできる。そのためにヒトは、まず手を出した。握手は人類に深くしみついた愛のカタチなのです。

私たちは信頼していた人に裏切られたとき、ものすごく傷つきます。でも、他者は自分の期待通りには決してなりません。

「私」が自分の人生を生きるように、相手だって自分の人生を生きている。互いの人生が交わる瞬間もあれば、すれ違うことだってあります。信頼しないで裏切られるより、信頼して裏切られたほうがいいと考えれば、「自分から手を伸ばして、握手すること」

が楽しくなると思うのです。

自分から握手を求めた連邦最高裁判事

私が感銘を受けたひとり、ルース・ベイダー・ギンズバーグさんは「自分から手を伸ばして握手すること」をとても大切にしていました。

ルースは米最高裁の史上ふたり目の女性判事です。１９９３年にビル・クリントン大統領（当時）に指名されてから、２０２０年に死去するまでの27年間にわたり連邦最高裁判事として、性差別の撤廃などを求めるリベラル派判事の代表的存在としてアメリカで大きな影響力を持った女性です。

彼女は名前の頭文字をとって「ＲＢＧ」と若者たちから呼ばれ、党派、性別、年齢を超え87歳で亡くなるまで絶大な人気を誇りました。

彼女の人生を描き話題になった映画『ＲＢＧ 最強の85才』に、ルースの人柄をあらわす象徴的な場面があります。

ガウンを着た判事たちと記念写真を撮るシーンに合わせて、彼らとルースのコメントが流れます。「私たちは毎日、判事席に着く前に一人ひとりと握手をして回ります。法廷がうまく機能するには、お互いが敬意を払い、好きになるほうがいいのです」。

考え方や立場が違っても「私」と同じただの「人」。自分が先に相手を受け入れたほうが相手との関係がよくなることをルースは知っていたのでしょう。

ルースの親友のアントニン・スカリア判事は、まったく違う正反対の思想の持ち主です。女性、同性愛者に対する見解も180度違います。それでもルースとスカリアは仲良しでした。映画ではふたりが互いに「とてもいい人」と人柄を褒めながらも、「法の見解はまったく別だけどね」と談笑する姿がありました。

裏切られてもいいと思うと世界が変わります。米最高裁の〝何者〟のふたりが、何者でもない「ただの人」としてつながったのです。

「何者かどうか」から解放されるには

さて、「私にとって〝何者〟は、どう必要なんだろう?」の問いの答え、出ましたか?

あなたがあなたでいるために「何者」はどう必要なのか？　何度でも何度でも考えてください。

もうひとつ、質問です。

あなたから、「何者」という2文字が、自分に対しても、他者に対しても消えるのは、どんなときでしょうか？

プロローグで、「私自身、ずっとずっと、かなりの長い間、『何者にもなれない自分』に悩んでいた」と書いたので、私のケースを書きますね。

私は第3章で、日経のコラムを書く、読まれる、批判される、めげずに書く、のサイクルをひたすら繰り返しているうちに、「す〜っと何かが降りてきた！」と書きましたが、この経験のおかげで自分のミッションが明確になり、「何者」という2文字から解放されました。

自分のミッションを書くのは少々こっ恥ずかしいので（書いてるうちに気が変わってどこかで書くかもしれませんが）、「ミッションを遂行するために心に決めた」ことだけお話しします。

それは「おかしいことはおかしい」と言い続けることです。

批判を恐れず、権力や圧に屈せず、「やっぱりおかしいよ」と思うことを書く。書きづらい内容であればあるほど、自分の心に何度も「なぜ、おかしいと思うのか？」を問い、「やっぱりおかしい」となったら書き続ける、言い続ける。「声にならない声」を、健康社会学という、実に人間臭い学問の窓から見て書き続けています。

私が「私」の信念を決して手放さないことで、ちょっとだけ温かい社会になればいいなぁと思っているのです。たったひとりでもいいから、私の〝言葉〟で笑顔になる人がいてくれたらと願っているのです。たいしたことはできないかもしれません。しかし、それが「私」だから、ひたすら書き続けています。

しんどいことだらけです。数えきれないほどのコラムを書き続けても、伝えたいことはなかなか伝わりません。

それでもミッションを胸に、目の前のことをきちんとやっていると、ちゃんと見ててくれる人がいる。「もうダメ」と折れそうになったとき、ピロリンとメールが届き「河合さんのコラムに救われました。ありがとうございます！」なんてことが書いてあると、

「また、頑張ろう！」と、キレそうになっていた糸がつながります。

「ありがとう」「愛してる」「あなたがいてくれたから」――。そんな言葉があると、何者かどうかとかどーでもよくなります。だって、「私」を感じるのです。

半径3メートル世界の人とクスッと笑いあったとき、ふっと心が通い合ったと感じる瞬間、早咲きの桜の木にウグイスを見つけたとき、雨上がりに虹がかかったとき、真っ青な空がデカいなとか、自分が生きてる世界の美しさに気づいたとき、何者かどうかとかどーでもよくなります。理屈じゃない。ただただそう感じるのです。

というわけで。あなたがここまで読んでくれてよかった！　ありがとう！

この先に何があるのか知りたい方は、あとちょっとだけページをめくってください。

第5章　世界も「私」もまだ完全ではない

思考停止ワードを探せ！

一億総中流社会＝自分で考えなくてもいい社会

日本の社会は１９７０年代初頭、一億の人たちが「自分は中流だ！」と思い込むようになってから、「自分で考えなくてもいい社会」になってしまいました。

みんなが欲しがるようなものを手に入れ、みんなが行きたがるようなところに行く。目指すべきゴールがある程度決まれば、自分であれこれ考える必要はありません。下手に自分の頭で考えて生きるより、幸せになれる（ような気がする）。大学に行って、大企業に入って、結婚して子どもをつくって、マイホームを買って、定年まで働く。あとは悠々自適！　といった、「まずまずの成功のイメージ」ができあがったのです。

一億総中流社会に突入する前の日本には、「成功の法則」なんてありませんでした。小学校しか出てなくても政界のリーダーになれたし、世界を席巻する技術者や経営者にもなれた。

日本人の暮らしに関する世論調査

問：あなたの生活程度は、世間一般からみて、
以下のどれに当てはまると思いますか？
【上、中の上、中の中、中の下、下】

	上	中の上	中の中	中の下	下
1958年	0.2	3.4	37.0	32.0	17.0
1960年	0.4	3.9	40.8	31.5	13.6
1965年	0.6	7.3	50.0	29.2	8.4
1970年	0.6	7.8	56.8	24.9	6.6
1973年	0.6	6.8	61.3	22.1	5.5

(%)

参照：内閣府「国民生活に関する世論調査」

彼らは自由でした。考えるという「知の遊び」をとことん楽しみ、野望と野心を原動力に、学ぶ努力を惜しまず、自分の頭でひたすら考え、大きな流れに身を任せるのではなく、自分で流れを作りました。「私の決断」を信じ、失敗を恐れずに「えい、やあ」と具体的に動いた人だけが、チャンスの前髪を掴みました。

こうした「自分の頭で考える自由」を放棄しなかった人たちのおかげで、高度成長期は実現されたのです。

いかにその時代の「日本人の暮らし」が良くなっていったかは、上の表を見ればわかると思います。1958年には、「私の

生活程度は下と思う人」は17％でしたが、73年には5・5％まで減り、代わって急増したのが「私の生活は中（中の上、中の中、中の下）」と思う人たちです。58年には7割程度でしたが73年には9割を超え、「中の中」に限ると倍近く増加しました。

実際には、まだ貧しい生活をしている人も多い格差社会だったにもかかわらず、実に9割の人が「自分は中流である」と信じて疑わなかった。所得倍増計画により年々給料が増え、家にはテレビ、洗濯機、冷蔵庫、クーラーなど新しい家電製品が並び「どんどん生活が豊かになってる！　もっといい生活ができるぞ！」という確信が、一億総中流時代の人々の深層心理です。

当時の日本にあった希望の光が、人々を照らしたのです。

バブルで火がついた人間の欲望

80年代後半から始まったバブル期には、「もっともっと」と欲望をむき出しにした人たちが街を闊歩し、「自分で考えなくてもいい社会」はますます日本社会に根を下ろします。

万札を振ってタクシーを止め、ＤＣブランドを身につけ、カネ、カネ、カネ、とカネの万能感に酔いしれた人たちは、「今を楽しく生きてるだけ」で未来に希望が持てました。あの頃の私たちは……どうかしてました。

やがてお金が舞った狂気の時代は、シャボン玉の如く弾けます。あっという間にカネは消え、カネの切れ目は縁の切れ目とばかりにつるんでいた仲間も消え、稼ぐのが難しく、とても難しく、とんでもなく難しい時代に突入しました。

しかし、いったん火がついた人間の欲望はそう簡単には鎮火しません。経済が縮小し限られたパイを奪い合うようになってしまったのです。

「下っ端でもいいから勝ち組でいたい」と、必死に過去の成功法則にしがみつく人がいる一方で、群衆に紛れ息を潜める人たちが増えていきました。

下手に自分で考えてしくじりでもしたら人生終わりですから（のように思えてしまう）、「みんなと一緒がいちばん」と自分の頭で考えるのをやめたのです。

バブル期までの自分で考えなくてもいい社会は、「みんなの先頭」を目指す外に開くものでしたが、バブル崩壊後の自分で考えなくてもいい社会は完全に内向きです。

「みんなから脱落したくない」から思考を停止させている。それが今の日本社会です。

子どもの自由な発想が奪われるとき

学生時代に、家庭教師先の子どもがリビングの観葉植物の葉の一枚一枚に、マジックで似顔絵を書いたことがありました。母親は、「なんてことするの！」と激怒し、父親は、「植物はお絵描き帳ではないぞ！」と叱りつけた。

そりゃそうです。「生きてる葉っぱ」に落書きをしたのですから。

ところが、子どもがお絵描きをしたのは、いたずらではありませんでした。植物の葉が「どのようにして大きくなるのか？」が知りたかった。

なぜ、小さな葉っぱが次第に大きくなっていくのか？　葉の周りから髪の毛が伸びるように成長していくのか、それとも自分の背が伸びるように葉全体が大きくなっていくのか？　それをたしかめるために、葉っぱにお絵描きをし、〝なぜ？〟を解こうとしました。

なのに、大人世界の「生きてる葉っぱに落書きはいけないこと」という常識が、子どもの「なぜ?=自分で考え具体的に動くこと」を、断ち切ってしまったのです。

以前開催していた「お天気教室」でも似たようなことがありました。

小学生たちに、「どんな雨を見たことがありますか? どんな雨があるのか、考えてみましょう」と質問したところ、ひとりの少年が、「下から降ってくる雨がありまます!」と元気よく答えました。

すると横にいたお父さんがあわてて「下からは降らないでしょ」と子どもに耳打ち。「雨は空から降ってくる」が常識ですから、お父さんは子どもが恥をかくのを案じたのでしょう。そこで私は子どもに質問してみました。

河合「下から降ってくる雨って、どんな雨なの?」↑興味津々

子ども「車でお父さんとキャンプに行ったとき、途中でお空が真っ暗になって、前がなんにも見えなくなって、そしたら下から雨が降っていたの」↑元気いっぱい、自信たっぷり!

河合「うわぁ! すごいね。雨って下からも降ってくるのね!」↑再び、興味津々

子ども「たぶんね。雨がすごく多くなると、下からも降ってくるんだと思うの。どうして、下から降ってくるんだろう?」と首をかしげました。

子どもは大人が想像する以上に、自分の頭で考えているのです。

そんな自由な子どもたちが高学年になると、たちまち「普通」に変わります。

「どんな雨?」と問えば、「上昇気流ができると雲ができて、雨が降り出します」と答える。「へ〜、それってどんなときなのかな?」と問えば、「低気圧が来ると雨が降ります」と答える。で、「上昇気流って何?」「低気圧ってどういうの?」と聞くと、「う〜ん、塾で先生に教わったから」と一様に答えるのです。

低学年のときは、自由に考えていた子どもたちが、高学年になるとたちまち考えるのをやめ、「自分で考えなくてもいい社会」の仲間入りです。知識が、常識が、子どもの〝なぜ?〟を封じ、親や教師たちの常識が「考える作業」を奪い去ってしまうのです。

思考停止ワードが問題を置き去りにする

「自分の頭で考える」のは、とても面倒くさい、たいへん疲れる作業です。

手探りの状況分析、煮え切らない内なる感情、〝今〟目の前にある現実と、これから起きるかもしれない〝未来〟が頭の中で入り乱れる。やっと結論が言葉になろうとすると、「いや、それじゃないんじゃないか」とか、「それでいいんだっけ」とか、あと一歩というところで引っ掛かる。

出そうで出ない、出したいけど出せない。言葉にモザイクがかかり、立ち往生する。挙げ句の果て、「もう無理！」と考える作業をやめてしまうのです。

とりわけ他者評価と責任がつきまとう会社組織では、自分の頭で考える作業を放棄しがちです。

「自分で考えて行動できる部下が欲しい」「少しは考えて欲しいんだよね」と他人には言っているのに、いざ自分が考える立場になると、「無難に済ましたほうがいいんじゃね？」だの「できることならさっさとケリをつけたほうが楽じゃね？」などと己の言葉が聞こえてきます。

そんなとき、ある一言が「考える」作業から脱却する方便となる。

それが、思考停止ワードです。「リーダーシップがない」「コミュニケーション能力が低い」は日常的に使われる思考停止ワードですし、「ダイバーシティ」「DX」「パーパス経営」などの流行りの言葉も思考を停止させる一言になります。

ほかにも、誰もが知っている安全な言葉、美徳、知識、例えば「人それぞれだよね」とか、「個性だよね」とか、「すばらしい」「美しい」「むかつく～」「面倒くせ～」「かわいい～」なんて一言も、思考を停止させます。とくに、誰も反論しないであろう専門的な知識や著名な識者の意見、有無を言わさぬ常識は、最強の思考停止ワードです。

そして、思考停止ワードが発せられた途端、「今」「ここ」にある問題が置き去りにされているにもかかわらず、あたかも前に進んでいるような錯覚に陥ります。すると、再び問題が起き、またもや思考停止ワードが使われ、問題が問題を生む問題ループに入り込んでいくのです。

この本は「人生思い通りにならなかったけど、結構おもしろかった」と思うための本です。

人生のつじつまを合わせるには、自分の頭で考え、具体的かつ主体的に動かなきゃ無理。ものを考える作業は、「これでいいのかな?」とか、「なんかおかしくないか?」とか、脳内テレビに「?」マークが浮かぶことからしか始まりません。

そして、自分の頭でちゃんと考えるには、自らの思考を停止させる言葉を見つけ、その言葉＝思考停止ワードを発するのを極力やめてみることが肝心です。

自分の中にある思考停止ワードに自ら使用禁止令を出すと、考える力が鍛えられます。脳内テレビの「?」が思考停止ワードに切り替わりそうになる度に、「ダメダメ。もっともっとちゃんと考えよう!」と、脳内のお猿さんやうさぎさんやたぬきさんと、「あーでもない」「こーでもない」と相談し続けてください。

なぜ、そう考えるのか?　もっと学ばなきゃいけないことはないか?　なぜ、自分は学ぼうとしているのか?　ひたすら「なぜ?」を考え続けると、イマジネーションが無限に広がっていきます。

だって、もう40歳なのです。そろそろ自由に生きたい、とは思いませんか?

考える作業はしんどいけど自由です。何を考えても「私」の自由。誰も「私」に制限を課すことはできません。下手すりゃあと60年くらい生きてしまうのです。人生後半戦、自由に考え、自由に新たな一歩を踏み出そうではありませんか。

立ち止まって考えること、普通からはみ出すこと、みんなと違う考え方、生き方を恐れないでください。

人は変わるし、世界は変わります。まだ完全ではありません。人間は不完全な生き物です。完璧な人間はいません。今、あなたも見えている世界が、社会が、半径3メートル世界が、あなたが考え、具体的に動くことで変わるのです。

40歳からの自由

「嵐」の大野くんが手に入れた自由

2019年1月27日、アイドルグループ「嵐」のメンバーが記者会見し、リーダーの大野智さんの「自由に生活してみたい」という希望を、ほかの4人のメンバーが受け入れ「無期限の活動休止」が決まったと説明しました。

「自由になりたい」「ほかの世界も見てみたい」「事務所を辞めなくてはけじめがつかないと思っていた」という大野くんの言葉は、まるで発達心理学やキャリア心理学の教科書を読んでいるようでした。と同時に、人生のターニングポイントに差し掛かった人たちから聞かされてきた言葉でもありました。

おそらく「39歳の大野くんの気持ち」と「自分」を重ねたビジネスパーソンは多かったでしょうし、40歳前後で人生後半に向けて新たな一歩を踏み出した人は「気持ちわかる〜！」と共感し、「俺もさ〜あのときは〜」などと自慢げに話したことでしょう。

他方で「このままでいいのか」とモヤモヤしている人は、「自由になりたい」という明確な意思を表明し、一歩踏み出した彼がまばゆく、尊く、なにがしかの焦燥感にかられたかもしれません。

40歳にもなれば、会社、家族、親など背負うものだらけです。自分のことだけ考えて生きていた時代が懐かしく、特別なことだったと気づく。その反面、人生の後半戦くらいは自分らしく生きたい、自分の人生を大切にしたいと強く念じるようになります。

やがて背負うもの＝現実と、抑えきれない思い＝未来のジレンマに苦悩するのです。さまざまなしがらみの中で、自分の思いを実現するには、周りと折り合いをつけなくてはなりません。妥協じゃなく折り合う。なかなか難しいことです。

大野くんの場合、それが「休業宣言」でした。半径3メートル世界の大切な人たち＝メンバーや事務所の人たちの声に耳を傾け、自分が自分だけではない半径3メートル世界との相互作用で存在している視点を最後まで大切にしました。

「新たな一歩＝嵐の活動休止」に踏み出せば、「自分にとっての自由」の正体が次第に明確になります。

おそらくその道のりは想像以上に長く、螺旋《らせん》階段をぐるぐる回るようなものかもしれません。それでもジタバタ半歩でも四分の一歩でも前に歩いていけば、それまで見たこともない景色が見えます。美しい湖だったり、太陽に照らされた山の頂だったり、沈みゆく夕陽だったり。そして思う。「ずいぶんと踏ん張って歩いてきたんだなぁ」と。かつての自分とは明らかに違う自分に気づき、少しばかり誇らしくなる。そのひとときの解放感こそが「私」の自由です。

真の「自由」は、今までとは違う新たな半径3メートル世界を作り、自分を縛っていた世間の価値が「自分にとって価値あるものなのか？」を自問していくことでしか、手に入りません。

「私の奥底」に存在している、自分ではコントロールできないつかみどころのない「自己」という自分の可能性は、地道にきちんと生きることでしか得ることができない代物なのです。

河合隼雄先生の自己実現論

第2章で「『自己実現欲求』がなくなっていく自分に絶望していた人も自分の心にしたがって『やりたい！』と声にしてください」と書きましたが、心理学者の河合隼雄さんが著書『おはなし　おはなし』の中で、「自己実現」に触れているエッセイがあります。

――「自己」を実現する、というと、ともかく「自分のやりたいこと」をできる限りすること、そして、それは幸福感に満ちたものなどと思う人がいる。「自己実現を目標にして努力している」とか、「自己実現を達成した」などと言う人さえ出てくる。しかし、「自己実現」というのはそんななまやさしいことではない。――（河合隼雄著『おはなしおはなし』朝日新聞出版より）

そして、「社会の組織や自分を取り巻く多くの人たちとの間になんとか折り合いをつけてゆかねばならない」と説き、「生きていることがそのまま自己実現の過程であり、その過程にこそ意味がある」というステキな言葉を河合隼雄先生は残しました。

河合隼雄先生の自己実現論に、僭越《せんえつ》ながらひとつ加えさせていただくなら、「折り合いをつけるとき」に、決して自分の大切なもの＝境界の内側のものを手放さないでほしいのです。

境界が決める「大切なもの」

境界（boundaries）とは、「自分の人生にとって重要であることとそうでないことの境目」を意味し、私たちは境界の内側にある「自分の人生にとって大切なもの」に対しては、それがそこにあることに感謝し、慈しむことができます。

その大切なものが、境界内にちゃんとあり、うまく回っていることで、いかなる困難や苦悩に遭遇しても乗り越えようと最善を尽くすことができ、幸福感は高まっていきます。

境界の範囲は、人それぞれです。広い人もいれば狭い人もいる。

ある人にとっては政治が入り、ある人にとっては宗教や芸術が入ることもある。おカネや権力が、境界内に存在することだってあります。

また、人生のステージが変わることで、境界内にあるものを外に出したり、外から取り込むことが可能です。

例えば、リタイアが迫った人が、境界内にあった〝有給の仕事〟を排除し、代わりに〝無給の仕事（ボランティアなど）〟を入れれば、「リタイアしたらどうしよう」という不安が、「これからボランティア活動に最善を尽くそう」という前向きなエネルギーに置き換わります。

私たちは「自分世界を支えている大切なもの」に気づいてこそ、困難や苦悩を乗り越えられる。「大切なものがない」あるいは「何が大切なのか見極められない」状態では前に進むことができません。

不安の反対は安心ではなく、前に進むこと。前向きに対処できれば余分な不安は消えます。

ただし、ひとつだけ条件があります。

境界内に、身近な人間関係（＝家庭）、社会的活動（＝仕事）、生存に関わる問題（＝健康）という、人が生きていくうえで極めて重要な要因を含めない限り、生きる力は発揮されません。

「家庭」「仕事」「健康」という3つの幸せのボールをジャグリングのように回し続ける中にこそ自分らしさはあり、回し方を考えるのは「私」の役目です。

最後に

結局、何者であるとか、何者じゃないとかどうでもいいのです。

「私」の大切なものを知る、好きで好きでたまらないものをあきらめないことが重要です。たったひとりでも「あなたは私の大切な人」と心から思える人がいれば、あるいは「あなたは私の大切な人」と言ってくれる人がいれば、「人生思い通りにはならなかったけど……、うん、結構おもしろい……、そうね、私にとってはいい人生だったよ」と必ず思えます。はい、必ずです。

と、書きながら、私はまだ「死の入り口らしきところ」に立ち会ったことがないと気づきました！

ただひとつだけ確実に「必ず」なのは、世界も「私」もまだ完全ではないってこと。

完全ではないのですから、隙間から差し込む「光」を見つければいいだけです。焦る必要などありません。自分を信じ、つながることを恐れず、弱音を吐くのをためらわず、ときには強がり、叩かれ、反省して、しばらく小休止し、再び前を向く。遠くを見つつも、常に足元を大切にする。そうこうやってると「光」が差し込みます。

それに40歳の頃は、「若いときは自由だったなぁ」とか、「若い頃は可能性があったなぁ」と考えがちですが、50歳を過ぎて遠くから社会全体を見渡してみると、「ん？　それってウソ、ウソ！」と思えるから不思議です。

以前、言語学者の金田一秀穂先生と対談させていただいたときに、「赤ちゃんは天才っていうでしょ？　あんなの嘘。大人がそう思いたいだけ」と失笑していたのですが、それと同じじゃないか、と。

だって、40代や50代のほうが20代より明らかに世界や世間に関する知識は豊富だし、理不尽と予想外の人生を経験してるぶん、しぶとさもあります。人生の「武器」が増えているのだから、明らかに可能性は広がっています。

もちろん、年を重ねれば体力や記憶力に不安を覚えるようになったりはするけれど、世間のルールや世間のまなざしに縛られない「心」を持つことさえできれば、人生は俄《が》然《ぜん》、おもしろくなります。

そうです。最高の自由は人生後半にしか手に入りません。はい、確実に。人生の機微を理解する機会が多かったぶん、可能性は広がるのです。

なんてことを書きつつ、そろそろこの本も終わりです。もう最後になります。

私はあるとき「会いたいと思ったら会いに行こう！　やりたいと思ったらやってみよう！」と心に決めました。多分、40代後半、50歳のカウントダウンが始まった頃だったと記憶していますが、なんでそう決めたのかはまったく覚えてません。

最初の「やってみよう！」は極寒の一月の坐禅です。

なんで坐禅に行ったのかもよく覚えていません。そのあとは突然「そうだ、しまなみ街道に行こう！」と飛行機に飛び乗ったり、岩手やら福島やら東日本大震災の被災地に何度も通ったり、長いこと会ってない知人に会いにいったり、〝思い立ったら吉日計画〟を次々と実行しました、いつのまにか計画は立ち消えてしまいましたが（おそらく物理的にも心理的にも余裕がなくなったことが原因）、そんな経験を思い出すだけでも、「人生思い通りにならなかったけど、結構おもしろかった」と思えちゃうから不思議です。

そして、この本の最後にやっと、本当にやっとたどりついたので、きっとまた「私の人生、結構おもしろかった」と思うにきまってます。

というわけで、本当に最後になりました。

これを最後まで読んでくれたあなたが、幸せになることを願いつつ、私もたまねぎをむき続けようと思っています。

河合薫（かわい かおる）

健康社会学者（Ph.D.）

千葉大学教育学部を卒業後、全日本空輸（ANA）に入社。

気象予報士第1号としてテレビ朝日系「ニュースステーション」などに出演。

2007年、東京大学大学院医学系研究科博士課程修了。

産業ストレスやポジティブ心理学など健康生成論の視点から「人間の生きる力」に着目した調査研究を幅広く進めている。

また、働く人々のインタビューをフィールドワークとし、その数は900人を超える。

著書に『残念な職場』（PHP新書）、『定年後からの孤独入門』（SB新書）、『50歳の壁　誰にも言えない本音』（MdN新書）など多数。

40歳で何者にもなれなかったぼくらはどう生きるか
—中年以降のキャリア論—

著者　河合薫

2023年6月25日　初版発行

発行者　横内正昭
発行所　株式会社ワニブックス
〒150-8482
東京都渋谷区恵比寿4-4-9えびす大黒ビル
ワニブックスHP　http://www.wani.co.jp/
（お問い合わせはメールで受け付けております
HPより「お問い合わせ」へお進みください）
※内容によりましてはお答えできない場合がございます。

装丁　小口翔平＋青山風音（tobufune）
フォーマット　橋田浩志（アティック）
編集協力　杉本透子
校正　玄冬書林
編集　内田克弥（ワニブックス）

印刷所　凸版印刷株式会社
DTP　株式会社 三協美術
製本所　ナショナル製本

ISBN 978-4-8470-6693-1
JASRAC 出 2302321-301
WANI BOOKOUT　http://www.wanibookout.com/
WANI BOOKS NewsCrunch　https://wanibooks-newscrunch.com/